情感

Emotion: A Very Short Introduction

U0134663

Emotion: A Very Short Introduction

情感

迪倫·埃文斯（Dylan Evans）著

石林 譯

OXFORD
UNIVERSITY PRESS

OXFORD
UNIVERSITY PRESS

Oxford University Press is a department of the University of Oxford.
It furthers the University's objective of excellence in research, scholarship,
and education by publishing worldwide. Oxford is a registered trade mark of
Oxford University Press in the UK and in certain other countries

Published in Hong Kong by
Oxford University Press (China) Limited
39/F, One Kowloon, 1 Wang Yuen Street, Kowloon Bay,
Hong Kong

情感

迪倫‧埃文斯〔Dylan Evans〕著

石林 譯

ISBN: 978019-943378-0

1 3 5 7 9 10 8 6 4 2

English text originally published as *Emotion: A Very Short Introduction*
by Oxford University Press © Dylan Evans 2001

To Em, my Tygress, my one and only true love

目錄

圖片鳴謝

The publisher and the author apologize for any errors or omissions in the above list. If contacted they will be pleased to rectify these at the earliest opportunity.

前言

　　如今，「感性」(sentiment)一詞已遭遇冷落，很少有人用了，其相關詞「感性的」(sentimental)也有着消極的含義。而兩個半世紀以前，在啟蒙運動的末期，情況則完全不同。那時，「感性」與今天的「情感」(emotion)一詞含義基本相同。

　　啟蒙運動時期的哲學家們對於情感研究非常着迷。大衛·休謨(David Hume)、亞當·斯密(Adam Smith)、托馬斯·里德(Thomas Reid)都曾就感性和激情寫過長篇大論。這些思想家們認為情感對於個體和社會的存在是至關重要的。斯密不僅發現了「沉悶科學」(經濟學)，還幫助創立了「感性科學」(情感心理學)。在他的第一本著作《道德情操論》(1759)中，斯密提出，如果社會是件衣服的話，情感就是將衣服縫在一起的線。與休謨和里德一樣，斯密認為情感與思想並非不可調和的敵人。對於所有這些思想家來說，情感化是合理的，一門關於思想的科學如果不討論心靈就是不完整的。

　　而浪漫主義者則反對這一觀點，他們重新採用了以前的情感觀點，認為情感與理智在本質上是矛盾

的。人類面臨着情感和理智的矛盾抉擇，智者選擇跟隨心靈而不是被理性牽着走。盧梭認為理性將人從無邪的「自然狀態」引向了墮落。重返無邪意味着要傾聽自己的感覺而不是訴諸邏輯。感性之謎要通過詩句來揭示，而不是由科學來破解。我用了「感性」一詞作為本書的副標題，以此來表示我對啟蒙運動時期的情感觀的支持。與浪漫主義者不同，我認為情感與理智在本質上並不矛盾，我們也不應該總是跟隨心靈而不聽從大腦指揮。相反，與亞當‧斯密一樣，我認為智慧的行動來自於感性和理性的和諧交融。沒有情感的生靈比人類還缺少理性，而非更加理性，但我也相信有時候傾聽理性的聲音要比跟隨情感的指引更好一些。知道甚麼時候跟隨情感，甚麼時候不要被情感支配，這就是一種被稱作「情商」的寶貴天份。

在本書中我提出要回到情感是理性的同盟、而不是敵人這一觀點。與斯密和休謨一樣，我認為對情感的科學研究不僅可行，而且有着巨大的價值。這並不是因為我認為情感體驗可以被提煉成枯燥的公式。然而對情感分析得更清楚不一定就意味着無法獲得更深刻的感受。我希望瞭解更多的情感運作知識能有助於我們活得更豐富，而不是更貧乏。至少，瞭解科學在解釋這些神秘現象方面的最新進展是非常有意思的。

科學界對情感的關注在20世紀90年代經歷了一次復興。在20世紀的大部分時間裏，對於情感的研究僅

局限於少數心理學家和更少的幾位人類學家。而在21世紀初，情況有了很大轉變。現在情感是一個熱點話題。人類學家開始質疑以前關於情感體驗的文化相對性的觀點。認知心理學家也不再一味關注理性、感知和記憶，他們開始重新探索情感過程的重要性。神經科學家和人工智能的研究者也參加了討論，為這張拼圖又添加了幾張圖片。而本書的目的就是試圖從一個旁觀者的角度將其中的一些圖片拼在一起。

顯然，我不奢望這樣一本小書能夠覆蓋一個複雜領域的方方面面。我必須將情感研究中一些很有趣的東西放在一邊。例如，本書不會討論兒童的情感發展，雖然這是一個迅速發展的領域。本書也沒有提到有關情感體驗的個體差異的研究文獻，雖然這方面的文獻也越來越多。我所選擇的話題反映了我個人的興趣，以及我認為讀者最感興趣的題目。

本書從對不同文化中的各種情感體驗的討論入手。每一種文化都有獨特的情感氣氛，這些差異在人類學研究中都有文獻證明，我會予以借鑒。然而，現在許多人類學家認為與情感體驗的共通性相比，世界上情感體驗的差異是微乎其微的。在第一章中，我提出情感構成了一種「共通的語言」，它像一根紐帶，將人類聯結成一個大家庭。與那些將我們分隔開來的文化差異相比，我們傳承下來的情感的共通性更為厚重。

這種共同的情感來自於我們共同的祖先。我們都是十萬年前生活在非洲平原上的幾千個原始人的後代。在過去的那個年代，我們的許多情感都已塑造成形。更多的情感則可以追溯到更遠，那時我們的祖先尚未進化為人類。第二章中，我探索了情感的進化史，提出無論過去還是現在，情感都是生存的必要條件。情感不只是奢侈品，更不像柏拉圖（Plato）所認為的那樣是理智行動的障礙。《星空奇遇記》（*Star Trek*）的創作者認為瓦爾肯人——一種想像中的外星種族——由於缺乏情感而比人類更加智慧，這種看法是錯誤的。儘管《星空奇遇記》中有斯波克這個人，缺乏情感的智慧生命還是根本無法進化出來。

當然，我們現在的生活環境與祖先進化時的大不相同。特別是我們現在擁有許多祖先們做夢也想不到的激發幸福感的方法。在第三章中，我介紹了一些「情感技術」，從心理治療、藝術到藥物和冥想，這些東西都許諾會讓我們通過捷徑獲得幸福感。它們是否有用呢？自然選擇留給我們的通往幸福的路是曲折的，企圖繞過這條路就會有危險，我會在這一章進行討論。

第四章解釋了情感如何影響「認知」能力，如記憶、注意、感知。情感對這些能力的影響使得情感技術頗受廣告商和政客們的青睞。煽情提供了一種無需通過有力的論證和舉例就可以改變人們思想的方式。

該章的結尾討論了各種説服他人的情感技術，如隱性廣告。

在有關情感話題的爭論中，人工智能是最新加入的一門學科。20世紀90年代初期，計算機科學家對製造有情感的機器越來越感興趣，機器人製造者在這一方面已經有所進展。最後一章討論了這些最新進展，並對今後將走向何方進行了一番推測。我們能夠成功製造像人類一樣有情感的機器人嗎？這樣的技術將會產生甚麼結果？

我沒試圖對情感問題作一定論，我們可能永遠都無法建立一套完善的情感理論。然而，對我來説，嘗試建立這樣一種理論本身就是一件趣味無窮的事情。希望你們通過閲讀這本書能感受到我的熱情。

迪倫・埃文斯

倫敦　2000年9月

第一章
共通的語言

　　15歲時，一些朋友邀我加入他們的朋克搖滾樂隊。先前的主唱在排練時非常好，但是害怕上台，不能在公眾面前表演。而我正好相反，我聲音糟糕，但一點也不怕出醜，正是一個朋克搖滾歌手所需要的！

　　第一次排練後，我們坐在一起籌劃我們的音樂生涯。就在那時蒂姆告訴我他非常高興我參加了他們的樂隊。到現在我還清楚地記得他的話在我身上引起的強烈反應。一股暖流從胃裏升騰蔓延，很快溫暖了我的整個胸腔。這是一種從未感受過的喜悅。它是一種接受感、一種從屬感、一種被一群引以為豪的朋友所重視的感覺。我被那種前所未有的感覺所震驚，一時不知該說甚麼。自那以後的許多年裏，再也沒有出現過完全相同的感覺，我也從未忘記過這種體驗。

　　體驗過這種特殊情感的絕不只是我一人。數百萬的足球迷和教徒們似乎每週末都有類似的體驗，而英語中卻沒有恰當的詞來表達。在剛才的描述中，我不得不用幾個詞：「喜悅、接受感、從屬感、被一群人所重視的感覺」。要形容這一情感，最恰當的莫過於

羅曼・羅蘭(Romain Rolland)創造的「海潮般的感覺」(oceanic feeling)這一表達了。然而，即使是這一詩意的表達也要用兩個詞。如果我們只用一個詞就能表達豈不是更簡單？

在日本似乎就有這樣的詞。日文「甘え」(amae)一詞指的就是「被他人完全接受的欣慰感」，也就是我對蒂姆那句話的感受。中國古代的象形文字則是用一個哺育嬰兒的胸脯來表示，它指的是一種不離不棄的情感，是在生命最初的幾個月中，母親和孩子融為一體的感覺。

為甚麼在英文中沒有「甘え」這樣的詞呢？不同語言用不同的方式塑造這個世界，反映了不同的文化需求。也許正是因為「甘え」所表達的情感與日本文化的基本價值觀一致，日本人才需要這個詞。與崇尚獨立、自我肯定和自治精神的英語世界不同，在日本，與其他人配合並生活在一個和諧的群體中更重要。「甘え」是一種幫助人們遵從這些價值觀的情感。

不管是甚麼原因造成了英語和日語這兩種語言之間的這一差異，由此並不能看出英國人和日本人這兩個民族之間有甚麼根本不同。作為一個講英語的人，我沒有確切的詞來描述我在蒂姆家裏所經歷的情感，但這並不妨礙我當時的感受。相反，那種情感毫無徵兆地出現了，讓我想方設法尋找描述它的詞匯。多年以後，當我讀到對「甘え」的一段描述時，我立刻意

圖2　一些表達不同情感的美國人的照片。保羅‧埃克曼在他的跨文化研
　　究中使用了這些照片。

識到它指的就是那天傍晚我在蒂姆家時所感受到的情感。全世界的人都有這種情感，但只有某些人才有特定的詞來形容它。

情感文化論

前面所說的看起來都很明確。然而，在20世紀的大部分時間內，許多人類學家對上述觀點不屑一顧，因為他們持有一種叫做情感文化論的觀點。根據這一觀點，情感是後天習得的行為，是通過文化傳遞的，與語言極其相似。正如你必須先聽到英語才會說一樣，你必須先看到其他人表現喜悅，你才會感到喜悅。除非生長在一個「甘え」經常被提及和討論的文化中，否則你不會感受到「甘え」。根據這一理論，生活在不同文化中的人應該體驗到不同的情感。

20世紀60年代後期，在這種情感觀點仍佔統治地位時，一位叫保羅·埃克曼（Paul Ekman）的年輕的美國人類學家決定為這一理論找到堅實的科學依據。讓他非常驚訝的是，最後的結果截然相反。埃克曼的研究提供了第一份證明情感文化理論有誤的科學證據。

埃克曼的研究方法巧妙而簡單。他到了一個沒有文字的偏遠文化地區（新幾內亞的福爾），以保證研究對象沒有看過西方的圖片或電影，因此無從瞭解西方人的情感。埃克曼給他們講不同的故事，然後讓他們

從三張美國人表達不同情感的照片中選出與故事內容最貼切的照片。

例如，一個故事講述的是一個人獨自呆在小屋裏時遭遇一隻野豬的情景，這個情景會讓西方人感受到害怕這一情感。福爾人很肯定地指出了與故事貼切的西方人害怕的表情。為了更確定一些，埃克曼讓一些福爾人作出與每個故事相關的表情並錄了下來。回到舊金山後，他又進行了實驗，請美國人將福爾人的表情與各個故事相聯繫。他們的判斷仍然正確。

當埃克曼第一次將研究結果在美國人類學協會上公佈時，他受到了陣陣嘲笑。當時，情感文化論根深蒂固，任何對它的批評都會被摒棄。然而，最終還是埃克曼贏得了這場爭論。現在，情感研究者普遍接受了這樣一種觀點 —— 至少有一些情感不是習得的，而是共通的、天生的。埃克曼稱這些情感為「基本情感」。儘管研究者對於有多少種基本情感各持己見，但是他們逐漸達成了共識，即基本情感包括：快樂、痛苦、憤怒、恐懼、驚奇和厭惡(見下框)。

任何文化中都有這些情感。而且這些情感並非習得的，而是人腦中所固有的。先天失明的嬰兒也會作出傳達這些情感的典型面部表情 —— 微笑、做鬼臉等，這就足以證明以上觀點。語言因文化之不同而各異，而情感表達則不一樣，它們更類似於呼吸，是人類的一種天性。

基本情感

基本情感是共通的、天生的。它們的每一次出現都很突然，只持續幾秒鐘。研究者對於有多少種基本情感各持己見，但是多數人會認同如下幾項：

- 快樂
- 痛苦
- 憤怒
- 恐懼
- 驚奇
- 厭惡

一些研究者對這些情感有不同的提法。例如，在基本情感中常常出現「高興」和「悲傷」等字眼。我認為這些詞更適合描述心情而不是情感(見第三章)，因此在本書中我用「快樂」和「痛苦」等詞表達基本情感，而用「高興」和「悲傷」等詞來形容心情好壞。

當然，情感文化論的堅決支持者可以辯駁説，埃克曼的研究只是表明與基本情感相關的面部表情是普遍和天生的，但並沒有告訴我們那些表情背後的主觀感受。這有一定的道理，但所有私密和主觀的東西都是如此。比如，我永遠不能確定你我對紅顏色或糖的甜味的感覺是一樣的，但如果主觀體驗果真有如此巨大的差異，我們就很難進行交流。相同的詞可以用在類似的語法結構中，但是，如果我們用這些詞來代表完全不同的概念，最終必然會深陷誤解的泥沼。我們對任何事情都無法達成一致。

圖2　在這兩幅蝕刻自畫像中，倫勃朗（Rembrandt）表現了兩種基本情感
　　　的面部表情：驚奇和憤怒。

雖然爭議和誤解是常見的，但是它們並不至於到了妨礙有效溝通的程度。多數人在大多數時候都可以清楚地傳達信息。當我第一次在一本關於情感的書中讀到有關「甘え」的描寫後，我立刻明白了它的含義，儘管在英語中並沒有一個直接的對應詞。同樣，在讀到來自其他文化的作者所寫的詩歌和小說時，我們也能瞭解到其中所描寫的情感。如果情感是文化的產物，像語言一樣變化迅速，那麼這些文章就會顯得陌生而不可理解。

沒有語言的交流也是可能的。這主要歸功於我們共有的基本情感。當人類學家首次接觸一個曾經與世隔絕的民族時，他們唯一的交流方式就是面部表情和肢體動作，其中很多是專門用於表達情感的。當人類學家微笑時，這個表情馬上就會被部落成員識別。他們也會報以微笑，向人類學家表示他們有着同樣的感受。

於是，我們共同的情感傳承使得人類超越了文化差異聯結在一起。無論何時，無論何地，人類都有着同樣的基本情感。不同文化對這些情感有着不同的闡釋，尊崇某些情感，貶低另一些，以文化間的細微差別裝點共同的情感，它們之間的差異更像是同一音樂作品的兩種演繹方式間的差別，而並非不同的作品。正如兩個樂隊在演奏同一支交響樂時會各有千秋，兩種文化在表現他們的情感時也不盡相同。然而，大家都清楚，樂譜是相同的。

基本情感的共通性為情感的生理本質提供了有力的論據。如果基本情感是文化的產物，那麼它們的共通性確實令人驚奇。但如果認為它們是人類共同生理遺傳的一部分，那麼它們在世界各地的普遍存在就很容易解釋了。所有的人都具有相同的身體構造，只是有一些細微的差異，同樣，我們的情感也是相同的。這一共同的本質融在了人類的基因裏，是我們共同的進化史的產物。

　　今天，世界上有60多億人，他們遍佈全球。而十萬年前，地球上只有幾千個人，他們都居住在東非的一小塊區域中，現存的人類都是這一小群人的後代。在後來的某個時候，這群人中的一部分離開了非洲，開始在世界其他地區的漫長的殖民活動。

　　離開非洲時，我們的祖先看起來都是一樣的，比如他們都有黑皮膚。後來，隨着不同的人群遷移到新的地區，他們的進化就有了細微的差別。膚色是最明顯的差異，而這一差異也的確只是表面上的。至於我們的內臟器官 —— 包括腦 —— 全世界的人基本都是相同的。既然基本情感主要由腦結構決定，所有文化中的基本情感在本質上都相同也就不足為奇了。

　　人類的心理共同性現在已得到了更廣泛的認可，於是人們很難理解情感文化論為甚麼會風靡一時。答案也許在於人類(同樣普遍地)傾向於誇大不同人群之間的小差異。在尋找文化身份的過程中，我們會自然

而然地把注意力集中在自己與他人的區別上，而不是共同點上。相應地在談到情感時，我們常常會注意細微的文化差異而忽視普遍的相似性。

　　歐洲人對東南亞民族的態度就是一個典型的例子。在很長時間裏，英國人和歐洲其他地區的人用神秘、深不可測來形容日本人、中國人和東南亞其他國家的人。「費解的東方人」這一成見的主要根源在於歐洲旅行者們發現東方人的情感很難懂。他們想知道在日本人不露聲色的面孔後是否隱藏着與他們極為不同的情感。

　　事實上，日本人確實比歐洲人和北美人更竭力地去隱藏情感。對於哪些是社會接受的情感表達方式，每一種文化都有自己的規則。在歐洲和北美，這些「展露規則」提倡用鮮明的面部表情來表達情感，面無表情一般被認為是乏味無趣或者具有欺騙性。而在日本，過多的情感展露常被視為無禮，因此日本人會努力減少情感的表達。

　　然而，這些展露規則背後的情感是相同的。保羅・埃克曼和華萊士・弗里森（Wallace Friesen）曾做過一個有趣的實驗，他們讓來自美國和日本的幾名男性看一些電影片段，並給他們錄像。其中一些片段是中性或者愉快的事件，如去划船遊玩，而另一些則是很噁心的場景，如割禮、吸力輔助分娩和鼻腔手術。電影片段播了兩次，一次播放由研究對象獨自觀看，另

圖3 表達基本情感的面部表情在全世界都是一樣的。

一次有一位訪談者在場。在獨自觀看時，可以觀察到美國人和日本人的面部表情是相似的，而當訪談者在場時，日本人笑得更多，厭惡表情比美國人要少。

然而，這個實驗的有趣之處在於慢速播放錄像的時候，我們可以看到當訪談者在場時，日本人起初與美國人表現出同樣的厭惡表情，但在不到一秒鐘之內，就成功地掩蓋了這些表情。換句話說，美國人和日本人感受到了同樣的基本情感。這些生理反應是自動的，無法自主控制。只有在幾百毫秒過後，當知覺跟上之後，習得的展露規則才會壓制住基本的生理反應。

因此，費解的東方人所掩蓋的並非是極為不同的情感，而是和世界上其他人類完全相同的情感。歐洲旅行者懷疑東方人不露聲色的面孔下隱藏着不同的心，實際上是對不同情感展露規則的誤解。

對美國男性和日本男性進行的實驗表明，諸如害怕、厭惡之類的基本情感反應是自動的，像反射作用一樣，我們對其有意識的控制很少，它們比我們的主動行為快得多。因此，由文化決定的展露規則總是在基本情感反應出現之後才會顯示出來。基本情感是與生俱來的，是通過基因而不是通過文化根植入我們的神經系統的，是人類共有的基本心理模式。

野豬般的情感

然而，並不是所有情感都是與生俱來的。有些情感看起來確實具有文化特殊性。例如，新幾內亞的古魯姆巴(Gururumba)人所感受到的一種情感對其他文化背景下的人來說顯然是陌生的。這種情感狀態被稱為「野豬般的情感」(being a wild pig)，因為體驗到這種情感的人表現得就像野豬一樣：他們狂奔着、搶劫沒有多大價值的東西，並且攻擊旁觀者。

這樣的情感顯然不符合埃克曼所說的「基本的」。它們不是共通的，也不是先天的。「先天的」一詞現在用得很多，且表達的意思千差萬別，於是一些生物學家和哲學家最近提出應該放棄使用這個詞。我認為這個詞沒有問題，只要我們在用的時候注意它所指的意思就可以了。我所說的有些性格特點是「先天的」指的是它們的形成幾乎不需要特殊條件。換句話說，只要滿足一個孩子生存的基本需求，如食物、住所和同伴，這個孩子就能形成人類所有先天的特點。在這個意義上，語言能力就是先天的，一個小孩不需要太多專門的教材就能掌握一門語言。你要做的就是讓孩子在一群有語言能力的人中間成長。當然，講英語或日語等某種特定語言的能力並不是天生的。除了基本的生存條件，這一特點的形成還有一些特殊需求，而這些需求不是在所有地方都可以滿足的。

我所説的特定文化下的情感不是先天的這一觀點指的是只有具備了某些特殊條件，這些情感才能得以發展，而只有特定的文化才能提供這些條件。這種條件的關鍵在於人們是在兒童期學習這種情感的。換句話説，與自發形成的基本情感不同，特定文化下的情感只有置身於某種文化中才能形成。因此，對於「野豬般的情感」，你只有聽説過才會感受到它，而對於恐懼或者憤怒這樣的基本情感，即使從未聽説也能夠感受到，這就將二者區分開來。

不同文化可以孕育出具有不同情感的人，這一事實證明了人類大腦驚人的可塑性。如果你相信人腦是以特定方式運轉的，那麼即使你的理論並不適用於所有人的心理，你這個個體的部分心理活動可能也會符合這一理論的預測。換句話説，關於腦的理論在某種程度上是一種可自我實現的預言。如果你的文化告訴你有這麼一種情感叫「野豬般的情感」，那麼你可能就會體驗到這種情感。這種體驗不是精心策劃的欺騙行為。如果有欺騙的話，也是一種自我欺騙，雖然這種説法不太好，因為對特定文化的情感的感受不是偽裝的。事實上，它們和先天的基本情感沒甚麼兩樣。古魯姆巴男人(只有男性才能體驗到這種情感)有種似乎被「野豬般的情感」所控制的感覺，就像恐懼或厭惡等基本情感一樣「突然出現了」，絲毫不受意識的制約。「野豬般的情感」是特定文化的產物，受這種

情感影響的人並不是在偽裝這種情感。

有趣的是，特定文化下的情感往往會成為人們擺脫困境的方法，「野豬般的情感」就是這樣。人們對於被這種情感所控制的古魯姆巴男人非常寬容，雖然這種情感被看作是負面的，但由於它不受控制，人們就會體諒受這種情感影響的人，包括暫時免除他們的債務。有一點很奇怪的巧合，這些人多數是25到35歲的男性，而這一時期也剛好是他們在婚姻初期第一次遇到經濟困難的時候。多麼幸運啊，當一個男人的經濟負擔加重時，他可以通過體驗到某種情感而使其他人允許他在承擔這些責任時有一些迴旋餘地。

只有能夠從中獲益的人才會受到「野豬般的情感」的影響，這當然不是巧合。心理學家詹姆斯‧埃夫里爾(James Averill)認為很多情感的功能就在於能夠幫助人們應對文化中的特殊要求。如果真是這樣的話，這也只適用於特定文化下的情感。基本情感不是為了迎合某種文化的具體要求，而是為了幫助我們應對所有的人都要面對的最基本的挑戰，下一章會談到這一點。

永恆的愛？

根據前面的介紹，情感似乎可以被明確地劃分為兩類。一類是基本情感，它們是共通的、先天的。另

一類是特定文化下的情感，如「野豬般的情感」。但是，事情並不是這麼簡單。先天性並不是兩個極端的問題，而是程度的問題。在研究情感或者任何其他的生理或者心理特點時，我們不應該去問它是不是先天的，而應該問它在多大程度上是先天的。除了基本的生存需要，某個特點的形成所需的「特殊條件」越多，其先天性就越少。學習一種語言比長出兩條腿的先天性成份要少，因為後者只需要正常的基因、基本的營養，以及免於災難的運氣，而前者除了需要這些條件，還要加上與其他有言語能力者的交流。學習英語的先天性成份就更少了，因為它要求其他有言語能力的人講英語。

因此，我們應該把基本情感和特定文化下的情感看作一個連續體上的兩端，而不是兩種完全不同的東西。根據某種情感的形成所需的特殊條件的多少，以及這些條件的特殊性，我們可以把情感放在靠近「基本」的一端或者靠近「特定文化」的一端。基本情感比特定文化下的情感更具有先天性，但它們也需要一些最基本的條件。

對於某些情感，我們可以相對容易地判斷它們在先天性這一連續體上的位置。有很多證據表明恐懼和憤怒是非常基本的情感，而「野豬般的情感」明顯是特定文化的產物。但是，對於其他情感就沒有這麼清楚了。爭議很大的一種情感就是愛情。有人認為它是

一種共通的情感，像恐懼和憤怒一樣根植於大腦。另一些人則不同意，認為愛情更像那種被「野豬般的情感」所控制的狀態。拉‧羅什富科(La Rochefoucauld)曾說過一句名言：「如果有些人從來沒有聽到過愛情一詞，那他們就永遠不會談戀愛。」有人認為愛情是特定文化下的情感，他們的觀點更極端：如果以前沒有聽到過愛情故事，就沒有人會談戀愛。

這一觀點最著名的支持者是作家C. S.劉易斯(C. S. Lewis)，他認為愛情是在12世紀早期的歐洲創造出來的。就是在這一時期「典雅愛情」成為歐洲許多詩歌的主題。在這些詩歌中，紳士會愛上皇宮裏的貴婦。他會成為她的騎士，為她效勞，然而他對她的激情很少會有圓滿的結果。蘭斯洛特(Lancelot)對亞瑟王(King Arthur)的妻子格溫娜維爾(Guinevere)的愛可能是這一文學體裁中最著名的故事了。

如果愛情確實是一些中世紀詩人創造出來的，那麼，在中世紀之前，就沒有人可以體驗到這種情感了。C.S. 劉易斯很樂意接受他的這一煽動性的論點所產生的結果，並且宣稱「在荷馬(Homer)和維吉爾(Virgil)生活的那個年代沒有人戀愛」。

這一定可以位居20世紀最荒謬觀點排行榜的前幾名。很難相信像C.S.劉易斯這樣敏感的人沒有發現《舊約》的《雅歌》中所表述的顯而易見的激情：

圖4　愛情：僅僅是文學作品創造出來的嗎？

我妹子、我新婦，

你奪了我的心！

你用眼一看，

用你項上的一條金鏈奪了我的心！

　　然而這篇詩歌比中世紀的描述典雅愛情的詩歌早了一千多年。事實上，愛情的出現比這篇詩歌還要早，可能出現於人類初期。十萬年前，當我們的祖先還在非洲平原上時，他們的身體活動與我們大不相同，但是他們的情感生活可能與我們非常相似。最早的人類大多數時間都是在平原上尋找可以吃的植物，建造暫時的居所，現在這些活動只在極少數人類聚居地中存在，但是許多進化心理學家認為，他們也花很多時間熱戀、做愛、嫉妒、心碎，就像我們今天一樣。

　　人類學家所研究的文字出現以前的社會無論在時間和空間上都與我們相隔甚遠，而在這些文化中也可以找到愛情的存在。然而，如果浪漫的愛情是歐洲的發明，那麼與歐洲沒有接觸的人就不會體驗到這種感情。這一簡單的設想讓兩位人類學家能夠對愛情文化理論予以檢驗。首先，他們需要一個可操作的愛情的定義，為此他們確認了這一概念的核心要素：對一個人強烈的性吸引感，當所愛的人不在時感到憤怒和渴望，當對方在場時感到強烈的歡樂。他們還列出了其他成份，包括精心策劃的示愛行為，如送禮物、用歌

和詩表達愛情。然後他們考察了人類學的文獻，統計了對這些特點有過描述的文化。出乎意料的是，他們發現所記錄的90%的文化中都有這樣的描述。如果人類學家確實觀察並記錄了這90%的社會中的愛情事件，我們可以打賭這一情感在另外的10%中也存在。

根據這些證據，似乎不應該有人再懷疑愛情的普遍性了。然而，將愛情看作歐洲的發明也有一點道理。即使是基本情感在不同的文化中也有差異，儘管這種差異很小。回到音樂的那個比喻，儘管樂譜是一樣的，不同樂隊演奏同一支交響樂時也會有所不同。與此類似，不同的文化中的愛情也會表現得稍有差異。在西方，愛情有一些不同於其他地方的特點。這些獨有的特點包括：愛情必須是突然發生的，它應該是一生承諾的基礎，是自我實現的最高形式。因此，雖然愛情是人類共同的主題，但這個主題可以有一些小差別。

和「野豬般的情感」不同，愛情可能不屬特定文化下的情感這一範疇，但它也不是恐懼之類的基本情感。哲學家保羅・格里菲思(Paul Griffiths)提出，情感不是分為兩類，而是三類。他認為除了基本情感和特定文化下的情感之外，還有「高級認知情感」。這樣分可以，只要我們認識到這些分類並不是非此即彼就行。如前所述，基本情感和特定文化下的情感之間的差異是程度上的而不是類別上的。我們把先天性看

作一個連續體，基本情感位於「先天性程度最高」一端，特定文化下的情感位於「先天性程度最低」一端。加上第三類「高級認知情感」，這個連續體就會被分成三段而不是兩段。高級認知情感的先天性比基本情感要少，但比特定文化下的情感要多。

除了在先天性程度上與基本情感不同以外，高級認知情感在其他方面也有所不同。它們不像基本情感反應那樣本能而迅速，也不是普遍只用一種面部表情表達。愛情就是一個例子。一見鍾情是可能的，但這種情況較少，更常見的愛情是在幾天、幾周、甚至幾個月內逐漸成長，而恐懼這種情感通常在幾毫秒內就會發生。另外，恐懼可以很容易地通過典型的面部表情來識別，而愛情卻沒有特定的面部表情。

格里菲思認為像愛情這樣的情感應該稱為「高級認知情感」，因為它們比基本情感需要更多的腦加工。基本情感大部分是在大腦的下皮質結構生成，而像愛情這樣的情感更多地發生於新大腦皮層中。在過去五百萬年人類進化過程中，新大腦皮層是大腦發展最快的部分，它支持着大多數複雜的認知能力，如條理清晰的邏輯分析。由於高級認知情感比基本情感與腦皮層的聯繫更緊密，它們更容易受到有意識思維的影響，這就可能使高級認知情感比基本情感更具有文化差異性。然而，儘管如此，高級認知情感仍然是普遍的。它們與基本情感一樣，是人類特性的一部分，

由我們共同的演化史塑造而成，這一點不同於特定文化下的情感。

除了愛之外，還有甚麼屬高級認知情感？可能的選項包括：內疚、羞愧、尷尬、驕傲、羨慕、嫉妒(見下框)，也許「甘え」也應該被歸為高級認知情感。這幾項體現了高級認知情感更深層的特點：所有這些情感本質上都是社會性的，而基本情感則不是。你可

高級認知情感

高級認知情感與基本情感都是普遍的，只是前者表現出更多的文化差異性。與基本情感相比，高級認知情感的形成與消失需要更長的時間。下面所列的是一部分高級認知情感：

- 愛
- 內疚
- 羞愧
- 尷尬
- 驕傲
- 羨慕
- 嫉妒

一些基本情感也可以具有高級認知情感典型的社會功能。比如某人看到糞便時會感到厭惡，這是一種基本情感。然而，當你對一種不道德的行為感到厭惡時，幫助你避開傳染性的或者有毒的東西的基本情感反應也具有讓你避開不值得信任的人這一社會功能。

以害怕或厭惡無生命的物體和非人類的動物，但是愛和內疚感的產生則需要他人的存在。傷害了一隻動物可能會讓你感到內疚，有些人也可能宣稱愛上了他們的寵物，但內疚和愛似乎並不是因為這些才進化形成的。高級認知情感是由自然選擇決定的，其目的是為了幫助我們的祖先應對日益複雜的社會環境。這些情感是將人類社會連在一起的黏合劑，我們在下一章將會有所瞭解。

第二章
為甚麼自然永遠無法演化出斯波克

　　如果你看過《星空奇遇記》這部電影，一定會記得斯波克，那個尖耳朵的外星人。他一半是人類一半是瓦肯人——一種各方面看起來都很像人類的外星人，但命運的捉弄讓他們長着一雙尖尖的耳朵，暴露了他們的身份。然而，在相似的外表下隱藏着深層次的差異，酷似人類的面孔背後是外星人的大腦，遠比人類要發達。值得一提的是，瓦肯人沒有任何情感。他們在歷史上的某個階段去掉了原始的動物特性，不再受到強烈情感的困擾，具有超人類的理性。

　　《星空奇遇記》的創作者延續了西方文化中一個古老的主題，即沒有情感的動物要比人類更有智慧。從柏拉圖開始，許多西方思想家都認為情感是理性行為的障礙，至少是一種無害的奢侈品。我將這種觀點稱為情感的消極觀點。

　　相反的觀點——對情感的積極觀點——認為情感是理性行為的關鍵。根據這一觀點，像斯波克這樣沒有情感的生物實際上比我們的智力更低，而不是更高。直到最近，這一觀點在哲學家和心理學家中也沒

圖5 倫納德‧尼莫在1982年的《星空奇遇記II：大汗的憤怒》中扮演斯波克先生。

圖6　對情感的消極觀點

有得到普遍認可，然而來自進化理論和神經科學的證據似乎為該觀點提供了支持。

支持消極情感觀點的例子有很多。過度的感性會使人們行動起來缺乏理性，這樣的事例我們都很熟悉。比如一個人受到了一幫流氓的侮辱，如果他無視這種侮辱並且走開就會更安全，但是自尊心可能會讓他反擊，使他成為暴力的受害者。一位受到老闆批評的女性可能會傷心地辭掉了工作，但是最聰明的對策也許是咬緊牙關修正自己的行為。諸如此類的例子還有很多。

憑一時的感性做事以後可能會後悔，我們不應否認這一點。情感的積極觀點並不認為情感總是有用的，而是(與情感的消極觀點相反)主張成功的秘訣在於理性和感性的結合，而不是單憑理性。像斯波克這樣完全沒有情感的人有時可能比我們優秀，但在其他時候會比我們更糟。總的來說，擁有情感的益處要遠遠大於其害處。

如果擁有情感只會弊大於利，那麼情感生物從一開始就不會演化出來。情感是很多特點的綜合體，這些特點如果沒有益處是不會演化出來的。因此，我們現在擁有情感意味着至少在進化過程的某個階段，情感曾幫助我們的祖先生存下來並且繁衍後代。問題是，通過何種方式？

基本情感的價值

我們很容易明白恐懼和憤怒等基本情感是怎樣幫助祖先生存下來的。在一個四處都隱藏着饑餓的捕食者的世界裏，恐懼的能力非常有用。一旦出現危險信號，它可以使動物迅速作出反應，使它們渾身上下都充滿了荷爾蒙，以便能快速逃跑，讓它們腦子裏只有一個念頭：逃！(見下框)憤怒也是一樣，只是它會讓機體進入戰鬥狀態而不是準備逃跑。

驚訝和厭惡的情感也比較容易解釋。驚訝可以幫助動物對新刺激產生反應。當出現意想不到的事物時，驚訝的反應迫使我們停下來仔細觀察。我們的眉毛聳起、眼睛睜大，盡可能多地觀察新情況，身體隨

恐懼的兩條通路

美國神經科學家約瑟夫・勒杜(Joseph LeDoux)發現恐懼是由大腦中兩條不同的通路所控制的。第一條通路與基本情感相連，它傳遞信號快，但是經常出錯。第二條通路傳遞信號較慢，但是更準確。最理想的狀態是兩條通路一起工作，使這兩部分都能達到最好的狀態。第一條通路讓我們迅速對潛在的危險信號作出反應，但是它常常被錯誤警報所激活。而第二條通路會認真判斷形勢，如果它認為危險不真實，就會切斷由第一條通路引起的恐懼反應。在恐懼症患者中，第二條通路功能不正常，因此就會不斷對無害刺激產生恐懼反應。

時準備調轉方向。同樣，厭惡的能力也是有用的。在一個充斥着腐爛食物和糞便的世界裏，傳染病菌在裏面安營紮寨，而厭惡感能讓動物遠離這些東西，使它們避免中毒或者被感染。

另外兩種基本情感——快樂和痛苦——的進化原理較為複雜。它們的演化是為了促使我們從事或者避免某些行動。在石器時代，快樂源於那些能幫助我們傳宗接代的行為和事件。發生性行為、遇見老朋友、得到禮物等之所以會讓人感到快樂，是因為這些事情都有利於祖先順利地繁衍生息。相反，朋友死亡或重要物品丟失會使人悲傷，因為這些事情都不利於我們祖先的成功繁衍。這並不意味着我們的祖先認為這些情感和基因的成功遺傳有關。自然選擇並沒有賦予我們直接去思考基因如何才能更好地遺傳這一問題的能力，而是給了我們感受快樂的能力，後又使我們的快樂體驗和那些有助於基因遺傳的事情聯繫起來。

如果快樂和痛苦是作為驅動力演化而來的，就像諺語中的胡蘿蔔和大棒一樣，那麼它們應該是通過預測來起到驅動作用的。如果這些情感無法預測某一具體行動會讓人感到快樂還是痛苦，它們就無法告訴我們該不該採取此種行動。如果我們不能根據這些情感所作的預測來決定該怎麼做，那麼感到快樂或者痛苦就沒有意義了。這意味着不管願意與否，為了明白甚麼事情會讓我們快樂或痛苦，我們首先要體驗過這些

情感，然後根據對這些情感的記憶來掌控自己的生活。因此童年是很重要的，在這個時期裏我們嘗試着發現個人的好惡。

幸運的是，我們不必完全依靠自己的經驗。儘管每個人的喜好不一樣，但快樂或者痛苦的根本原因對於所有人來説都相同，因此我們可以借鑒他人的經驗。恐懼和厭惡等其他基本情感也是如此。看到父母害怕在某一條河裏洗澡，孩子們不用自己體驗就知道那條河有危險。同樣，看到父母討厭某種食物，他們自己就不會去品嘗那些不好吃的東西。對智人這樣的社會生物來説，情感的作用是雙倍的。一方面，內在感覺和情感引起的身體變化使得機體採取或避免某種行動。另一方面，情感的外部表現會為他人提供信息，使他人可以借鑒我們的經歷。

其他社會生物中也有同樣的現象，包括許多靈長類動物。在一個實驗中，一群實驗室中飼養的獼猴第一次見到蛇時並不害怕。然而，在看到電影中的另外一隻猴子見到蛇時的恐懼反應之後，它們對蛇也有了恐懼的反應。然而，從經驗中學習也是有限度的。當看到電影中的其他猴子對一朵花或一隻兔子感到害怕時，生長在實驗室中的獼猴並沒有對這些毫無威脅的東西表現出恐懼。情感的學習取決於環境影響以及個體選擇性地學習某些東西的內在傾向。

不是所有的情感表達都能讓其他生物來間接學

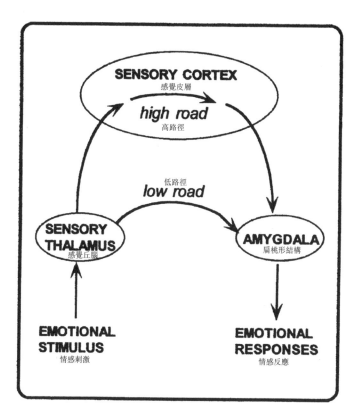

圖7　恐懼情感的兩條神經通路(摘自約瑟夫‧勒杜的《腦中有情》)。

習。有些情感表達不是真實情感的反映，而是欺騙行為。例如，當一隻貓受到威脅時，它的毛會豎起來。然而，這一信號不是為了讓其他動物知道它受到了威脅。相反，它希望其他動物 —— 捕獵者 —— 不知道自己受到了威脅，因為這會刺激捕獵者對它進行攻擊。毛豎起來是要讓自己看起來比實際更強大，以此來防止捕獵者或者其他貓對它的攻擊。因此，在考慮情感的演化時，我們必須考慮每種情感反應的所有要素。只注意內部感覺是不夠的，還必須要考慮面部表情和其他信號。達爾文是第一個強調這些信號的重要性的人，在其著作《人類和動物的情感表達》(1872)中，達爾文考察了很多情感信號在漫長的進化過程中的連續性。達爾文對這些信號很感興趣，他認為它們能很好地證明人類是從其他動物進化而來的。例如，當我們害怕時毛髮會豎起來，他認為這是從祖先那裏繼承的特點，那時他們渾身上下都長着濃密的毛髮，害怕時毛髮就會豎起，就像今天的貓一樣。當然，現在我們頭上的幾根頭髮就算豎起來也很難使我們顯得更大，因此這樣的反應已經沒有多大用處了，但它仍然存在，這是我們的類人猿祖先所遺留下來的一個特點。

　　恐懼時毛髮會豎起，憤怒時會露出牙齒，這些情感表達的進化原因很容易理解。然而，其他情感表達就非常神秘了。流淚就是如此。我們在悲傷時為甚麼流淚這一問題讓進化論者很困惑。表達情感的淚水是

圖8　貓在害怕時毛會豎起來，使它看起來更強大些，以免遭到攻擊。

人類獨特的現象。大多數哺乳動物都有淚腺，但是淚腺的存在只是為了保護眼睛不受到傷害。沒有其他的生物會在悲傷時哭泣——甚至我們最近的親戚猩猩也不會。

達爾文否認悲傷的眼淚有任何作用。他認為淚腺是為了在嬰兒期保護眼睛才進化出來的，因為長時間的哭喊會導致視覺損傷。達爾文認為成人在悲傷時流出的眼淚只是摩擦眼睛時淚腺被壓迫所導致的偶然結果，就像笑或者打噴嚏時同一部位的肌肉收縮也可以導致流淚一樣。

最近，有研究者對上述觀點提出了質疑，他們認為表達情感的眼淚有許多功能。威廉·弗雷（William Frey）發現悲傷的眼淚與其他類型的眼淚在生化成份上不同，於是他提出眼淚可以消除身體中的壓力激素。他聲稱這就是人們在痛快地哭一場後感覺會好很多的原因。一種更普遍的觀點是眼淚是悲傷的真實表達。表達情感的信號如果是發自內心的，那它們一定不容易假裝，而且有意去哭也確實很困難，演員要經過反復練習才能哭得自然。根據這一觀點，哭過之後感覺會好一些不是因為排除了多餘的荷爾蒙，而是因為哭泣通常會使我們得到他人的幫助。如果這是一個合理的進化解釋的話，那麼哭泣這一情感表達應該出現在同情之後，或者與同情同時進化出來。然而，這一理

論仍存在一個問題，它不能解釋為甚麼獨自哭泣有時也會讓人感覺好一些。

既然人類是唯一在悲傷時哭泣的動物，這種情感表達一定是在相對較近的年代——也就是人類從猩猩的譜系中分開來以後才出現的。其他大多數情感表達則更古老一些。我們害怕時毛髮會倒立的現象可能起源於五千萬年前，那時地球上居住着哺乳類動物的共同祖先。而害怕這種情感比它本身的生理表現還要早。事實上，它可能是最早出現的幾種情感之一。大約5億多年前出現的第一批脊椎動物可能就具有這種情感。這些早期脊椎動物的後代——兩棲動物、爬行動物、鳥類、哺乳動物——都繼承了害怕的能力。人類並不是唯一會害怕的動物。

快樂和痛苦等基本情感則出現得晚一些，但也有很長的歷史了，因此不只是人類才有這些情感。一隻貓蜷伏在溫暖的火爐旁大聲地打着呼嚕，有誰能懷疑它的快樂呢？證明其他動物也會感到悲傷可能會更難，但是大象就有這種情感。在小象被獵殺後，儘管有危險，母象仍然捨不得遺棄孩子的屍體，並且經常到它們的墳地去。

你也許會認為我多愁善感，那我們就先來看一下神經解剖學上的證據吧。當我們拿差異很大的動物作對比時，我們發現它們的大腦驚人地相似。例如，在所有脊椎動物中，腦都被分為了三個明顯的區域：後

腦、中腦、前腦，每一個區域都有相同的基本結構和通路，這表明腦的進化是一個非常保守的過程，在這個過程中許多系統的變化都極其微小，儘管身體的其他部分可能有很大的改變。調節害怕和憤怒等基本情感的神經系統尤其如此。神經科學家約瑟夫‧勒杜證實了各種動物調節憤怒反應的神經機制是相同的，無論是鴿子和老鼠還是貓和人類。其他動物與人有着相似的情感體驗，這一觀點有着堅實的科學基礎，並不是將動物擬人化。

對包括人類在內的所有哺乳動物來說，恐懼和憤怒等基本情感是由一組被稱為邊緣系統的神經結構來調節的。這些結構包括海馬區、有色帶環繞的腦回、前丘腦以及扁桃形結構（見圖9）。這些結構位於腦中央，處於新大腦皮層的神經組織之下。顧名思義，新大腦皮層是近期才進化出來的。雖然魚類、兩棲動物、鳥類、爬行動物也有新大腦皮層，但是哺乳動物的新大腦皮層更大，它完全包住了邊緣結構，這一點是哺乳動物與其他脊椎動物在腦結構上的主要差異。神經科學家保羅‧麥克萊恩（Paul Maclean）認為，哺乳動物的腦進化主要在於新大腦皮層的擴展，而較早的邊緣結構變化較少，當然也不是完全保持不變。在對不同物種進行比較時，所有的問題都是程度上的，比如我的邊緣結構與烏龜的不同（但願如此），但是我的大腦皮層與烏龜的差異更大。

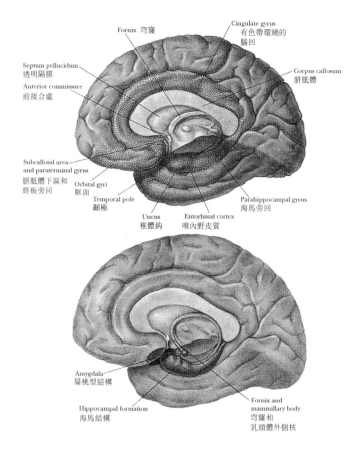

圖9　人腦，突出了一些邊緣結構。

如果恐懼等基本情感完全由邊緣系統來調節，那麼愛和內疚等高級認知情感就主要在大腦皮層中生成。這就意味着高級認知情感的進化比基本情感要更晚，隨着高級哺乳動物的出現，新大腦皮層開始擴展，在此之後高級認知情感才出現。換句話說，高級認知情感的存在不會超過六千萬年，事實上還有可能更短，而脊椎動物的腦以及基本情感自形成已有約五億年的歷史，遠遠長於高級認知情感。

內疚、愛和報復的進化

如果說內疚和愛等高級認知情感開始進化的時間還很不清楚的話，那麼它們進化的原因則更加令人迷惑。恐懼或厭惡能幫助我們的祖先生存下來，這一點很容易明白，但是愛或者內疚能給他們帶來甚麼好處就很難理解了。有人提出了一些很有趣的建議，它們也許可以解釋這些情感為甚麼非常重要。這些建議在很大程度上還只是推測，因此我們不能全盤接受，但它們確實提供了深一層的想法，使我們認識這些情感可能帶來益處。

拿內疚感來說吧。從表面上看很難明白為甚麼自然會選擇讓我們有內疚這種情感。生活中有很多情況下是可以欺騙的——不付出代價就得到好處。如果你有把握自己不會被發現，那麼欺騙就是最有利的方

法。然而，如果你有良心，欺騙過後的內疚感可能會阻止你這麼做。這樣的話，會內疚的動物就會輸給那些肆無忌憚的對手，內疚能力因此就會被自然選擇所淘汰。

經濟學家羅伯特·弗朗克(Robert Frank)對這一觀點提出了質疑。弗朗克認為會內疚實際上是有益的，因為人們更容易信任那些他們認為有良知的人。他用下面的故事說明了這一點：試想史密斯和瓊斯兩個人想開一家飯店。史密斯是一個有天份的廚師，而瓊斯是一個精明的老闆，他們聯手可以經營一家非常成功的企業，這樣他們的收益要比各自單幹高得多。然而，他們都知道對方有可能欺騙自己而不被察覺。例如，史密斯可能會從食物供應商那裏拿回扣，而瓊斯可能做假賬。如果只有一個人欺騙，這個人能從中獲得巨大的利益，而另一個人則會遭受損失，但如果兩個人都欺騙，他們的收益要比兩個人都誠實時少得多。如果史密斯和瓊斯都能保證不欺騙，那他們都會因此而受益。但是怎樣承諾才能讓人信服呢？光保證不欺騙是沒有說服力的，對於無所顧忌的人來說，作出承諾與違背承諾同樣容易。

這時內疚感就派上用場了。如果欺騙後你會感到內疚，這種感覺就會促使你誠實守信，即使你知道欺騙行為不會暴露。同時，如果別人知道你是這樣的人，在尋找誠實的合作夥伴時他們就會來找你。當

然，判斷一個人是否有內疚感需要一些可靠的線索，比如臉紅。只有當這些線索表明你是有良心的人時，別人才會知道一個可靠的人和一個無賴之間的區別。這些信號必須是難以偽裝的，否則它們就不可靠了。弗朗克認為，臉紅等情感表達通過自然選擇根植於人類的生理結構，其目的就是為了證明這種可信任性。

言出必行在生活中許多其他情境下也是至關重要的。弗朗克將這些情境統稱為「承諾問題」。他認為每種高級認知情感解決的是不同的承諾問題。內疚要解決的承諾問題是作出不欺騙別人的許諾。同樣，愛情解決的是另一種承諾問題——一方必須作出令人信服的承諾，保證對另一個人永遠忠誠。例如，傑克和吉爾都認為對方是合適的伴侶，但只有他們確信對方不會見異思遷時他們才會結合。這種確信來自於對方的愛。假設在兩種情況下傑克向吉爾作出了承諾：一是出於情不自禁(也就是不能自已)的、讓他失眠、心跳過速的感情；二是經過了一番理性分析，衡量了她的優缺點之後。在這種情況下，前者更有可能打動吉爾。就像道格拉斯·葉茨(Douglas Yates)所寫的，「一個對愛保持清醒的人無法去愛」。

另一種承諾問題是威脅說一定要報復。假設你是班裏最小的孩子，班裏的霸王揚言要偷你帶的午飯。你可能會威脅說，如果他敢這樣你就會照鼻子給他一拳。但是，如果他知道你是一個理性的人，那他就不

會把你的威脅當真。畢竟，給他一拳後你們必定會打起來，而打起來的話你幾乎註定會輸，那時就更倒霉，不僅丟掉了午飯，還多了一兩個黑眼圈。然而，如果大家都知道你有仇必報，問題就好辦了。復仇的衝動使你不管結果如何，在受到侮辱後就要報復，這樣，那個壞小子在偷你的三明治之前就要好好想想了。情感於是再次表現出一種「全盤理性」，使人們不被純粹理性所禁錮。

因此，根據弗朗克的觀點，高級認知情感如內疚、愛以及復仇的衝動有着非常重要的作用。它們有助於解決只靠理性無法解決的承諾問題。然而，這些情感並不是沒有缺點。它們也許能幫助我們作出有效的承諾和威脅，但如果有人看穿了我們是在虛張聲勢該怎麼辦？儘管我心跳加快、臉色通紅，但如果我的表白被置之不理，那麼在幾周、幾個月、甚至幾年內我都會陷入無謂的痛苦。單戀是自然最殘酷的懲罰之一。同樣，儘管學校裏的那個霸王知道我有報復心，但他如果還是去偷了我的三明治，那報復他會讓我更慘，不但丟掉了三明治，還會被打得青一片紫一片。

當然，一種理想的狀況是我們既獲得了這些情感帶來的好處，又不會有任何因被人識破而引起的危險。比如，我們可以誠摯地表白自己的愛，而當表白被拒絕時愛也會迅速消失。我們也可以揚言要復仇，而當他人信以為真時反而不敢付諸行動。但是這種行

為會使將來任何承諾和威脅的有效性大打折扣。要讓威脅有效，就必須表現出你迫不得已必須付諸行動。這樣看來，高級認知情感似乎不可避免地成為了雙刃劍。

只有向別人證明你會不惜代價讓承諾和威脅兌現，承諾和威脅才是有效的。也就是說，你必須表明為某種情況所迫，你「不得不」兌現這些承諾或威脅。我們將其稱為「手銬原則」(handcuff principle)。這些情感要發揮作用，它們就必須有一種不可規避性，這樣，當別人不相信你時，你別無選擇，只能兌現這些承諾和威脅。這些情感讓你不得不違你所願地執行某種行動。而且，這副「手銬」必須能讓他人清楚地看到，如果別人看不到，這種機制就沒有意義了。對於內疚感來說，臉紅等生理信號就能表明這副「手銬」的存在。人們希望「手銬」的可見性能有效地防止自己被識破 —— 比如學校的壞孩子看到你怒不可遏，就不敢動你的三明治 —— 但這種方式偶爾也會失敗。那個壞小子還是偷了三明治，使得你不得不報復。於是你被復仇的欲望所控制，迫不及待地想要狠狠地揍他。雖然理性告訴你要謹慎，但這一聲音早已被強烈的情感所淹沒。當對峙雙方都被這副「手銬」所控制時，就會出現另一種危險。在這種情況下，只要一方先揭對方的底，一場永無休止的循環報復就開始了。斯蒂芬·平克(Steven Pinker)用一個小故事說明了這種危險。巧合的是，故事裏有真正的手銬：

為了阻止修建核電站，一群抗議者們躺在通向工地的鐵軌上。理智的火車司機別無選擇，只好先停車。為了對付這群抗議者，鐵路公司讓火車司機固定住節流閥，使火車緩慢移動，然後自己跳下火車在旁邊走，這樣抗議者們肯定會亂作一團。而下一次抗議者們用手銬將自己銬在了鐵軌上，這樣司機就不敢跳下火車了。但是，抗議者們必須肯定火車司機能夠看到他們並及時停車。而再下一次鐵路公司就會派一個近視眼司機來開車。

可能正是這種惡性循環導致了意大利和北美的黑手黨家族之間的仇殺不斷，激起了北愛爾蘭和中東的宗派主義屠殺。每當法律處於弱勢的時候，攻擊和報復常常會永無休止地循環下去。由於報復的衝動深深地融入了我們的血液，儘管對雙方都毫無益處，這種冤冤相報還是始終存在。讓人悲哀的是，人性的這一特點有着充分的理由發展進化。如果沒有報復的願望，我們就很容易被壓榨。在人類進化的過程中，擁有這種情感顯然利大於弊。

情感在今天還有用嗎？

現在的情況又怎麼樣呢？復仇等情感對於靠狩獵與採集為生的祖先來說是有用的，他們用棍子和石頭

作為復仇武器，造成的傷亡可能很少。然而，在今天這個槍支唾手可得的時代裏，這樣的情感肯定有不利影響。也許所有的情感都是如此。也許瓦肯人確實比我們更高級。也許斯波克和他的瓦肯同胞們在進入高科技世界時拋棄情感是很明智的。

這似乎與達爾文的觀點不謀而合。在其著作《情感的表達》中，達爾文認為情感表達在過去是有用的，而在今天已失去了它的價值。例如，人們在憤怒時往往會齜着牙，這一點繼承了類人猿祖先原始的憤怒表達方式。達爾文似乎在暗示情感及其表達就像闌尾這個殘餘的器官一樣，它源於人類早期的進化，而現在已失去了作用。因此，達爾文的觀點似乎強化了對情感的消極認識。與祖先生活的世界相比，我們的世界在許多方面都發生了巨大的變化。例如，我們沒有了被捕獵者吃掉的危險，被其他人攻擊的可能性也大大降低了。如果恐懼情感的演化是為了幫助我們避免這些危險，那麼今天沒有這種情感可能會更好。顯然，過度恐懼會導致許多問題，如恐懼症和恐懼發作。很少有人因為恐懼感太少而感到困擾。然而，這可能是因為那些沒有恐懼感的人早在意識到他們的問題之前就已經性命不保了。恐懼不光能幫助我們防禦侵略者，它還能幫我們避免很多可能是致命的魯莽行為。恐懼會阻止你在車來車往的馬路上隨意穿行，或者在懸崖邊上跳舞。沒有了恐懼感，生活中可能會少

一些痛苦，但生命也可能會更短。

　　憤怒的情感在今天看起來也沒甚麼用處。與類人猿祖先不同，多數現代人很少發生身體上的暴力行為。保留這種促使我們發生衝突的情感有甚麼好處呢？一種答案是發生衝突不一定是身體上的行為。我們今天的爭端以其他形式體現出來，但仍然需要勇氣和決心，而憤怒恰好提供了這樣的內在動機。不會憤怒的人永遠無法領先。另外，今天的世界並非完全不需要身體暴力。即使在富裕且法制健全的發達國家，武力在很多情況下也是保護自己的唯一方法。正如電影《超級戰警》所描述的，在未來世界，人類的憤怒情感完全消失了。當兇險的罪犯由20世紀受到懲罰後的假死狀態中恢復過來時，沒有人能夠制服他。只有當另外一位20世紀的人 —— 一位與罪犯一樣會憤怒的警察 —— 復活之後，罪犯才被抓住。

　　當然，過度憤怒也會造成一些麻煩。公路暴力就是一個明顯的例子。近年來在一些西方國家，這樣的事件越來越多。由於在擁擠的路上開車帶來的壓力，一些司機的情感到了一觸即發的程度。有時憤怒的司機只是按喇叭，或者咒罵那個惹惱他的人。然而在其他情況下，他可能會跳下車來，將另外一個司機拖到路上，對其拳腳相加以洩憤怒。適當的憤怒是有益的，但過度的憤怒則會導致嚴重的後果。

　　這一點也適用於其他情感。情感的最佳狀態是要

圖10 一位女性嫉妒地看着男人與其他人調情。

有合適的度，不能太多也不能太少，甚至性嫉妒在佔有和縱容之間也有一個最佳的平衡點（見下框）。亞里士多德的整個倫理系統就基於這一簡單的觀點。他認為美德就是某種情感的兩個極端之間的平衡點。勇氣是恐懼感過多或過少這兩個極端之間的平衡點。友善則處於極端暴躁與諂媚之間等等。

亞里士多德的中道思想與今天心理學家所說的「情商」非常相似。情商包括在感性和理性之間保持平衡，雙方都不處於絕對的控制地位。情商高的人知道何時該控制情感，何時該跟隨情感。情商還包括正確解讀他人情感的能力。人們在流淚時的心情很容易猜測，但是這種信號並不總是這樣明顯。我們經常試

嫉妒：好還是壞？

與其他高級認知情感一樣，嫉妒的進化是要幫助我們的祖先在複雜的社會群體中生存和繁衍。嫉妒能督促他們對自己的配偶保持警惕，從而幫助我們的祖先確保他們的性伴侶不會出軌。然而，與其他情感一樣，過份的嫉妒不是好事。過多的嫉妒會使人變得暴躁和強橫，這會導致同伴的離去甚至死亡。盯梢者往往是那些被拋棄的情人，他們的嫉妒導致他們以極端的甚至是可怕的情感追求以前的伴侶。這種關於嫉妒的反例很容易使人們認為所有的嫉妒都是不好的。如果這樣想的話，那就是把嬰兒與洗澡水一同倒掉了。過多的嫉妒不好，但過少也不好。如果伴侶從來沒有嫉妒的表現，有多少人會認為伴侶是愛自己的呢？

圖掩蓋情感，讓其他人很難猜出我們的感受，儘管一些本能的動作常常會透露我們內心的想法。通過這種微妙的信號猜測某人的情感是一種少見的能力，雖然經過練習這種能力可以得到提高。

現在，越來越多的證據表明，對面部情感表達的識別能力是由特定的神經通路實現的。這些通路包括扁桃形結構等邊緣結構。當這些結構受到損傷時，通路被打斷，區分不同面部情感表達的能力就會下降。例如，扁桃形結構的雙面損傷降低了人們區分恐懼和憤怒等消極情感的能力。進化似乎並不只是形成了感受和表達情感的能力，也給了我們識別情感的具體機制。

我們現在應該清楚這種機能的用途了。如果沒有猜測他人情感的能力，就會失去許多從他人的經驗中學習的機會，使我們不得不以一種更困難的方式學習 —— 自己摸索。如果沒有這種能力，我們也很難判斷該相信誰。無意識的情感信號能幫助我們清楚地判斷人的個性。在一個實驗中，一群陌生人被隨機分成兩人一組，他們有30分鐘的時間進行交流。然後讓他們自己作一個簡單的決定，即是否會與此人合作，以及是否會欺騙對方。他們還要猜測另外一個人可能會怎麼做。結果準確率非常高。這些實驗的研究對象都有正常的頭腦，而在相似的實驗條件下，由於大腦損傷導致探測他人情感信號能力消失的人的表現則差得多。

現在我們應該很清楚了，一個完全沒有情感的動物不會長久地生存下去。沒有恐懼，當它面對走過來的獅子時可能還在考慮這是不是真正的威脅。沒有憤怒，它就會受到無情的攻擊。缺乏厭惡感，它可能會吞下糞便和腐爛的食物。沒有感受愉快和痛苦的能力，它可能甚麼也不想做——這對於生存非常不利。儘管有着《星空奇遇記》這樣的幻想，但自然永遠無法進化出瓦肯人。

道德情操

如果自然真的進化出了瓦肯人，他們可能也不是理想的人。絕大多數——如果不是所有的——道德行為背後都存在着情感。沒有這些情感我們就不會有美德。從亞里士多德到亞當·斯密，很多思想家都強調了情感對於道德行為的根本指導作用。我已經提到過亞里士多德關於美德是極端情感之間的平衡點的觀點。亞當·斯密也將情感與道德聯繫在一起，雖然聯繫的方式極為不同。他認為有些情感就是為了幫助我們的行為合乎道德而形成的，現在這一觀點似乎得到了進化論的支持。斯密將這些情感稱為「道德情操」。

在情感與道德的關係方面，其他思想家有着非常不同的觀點。霍布斯(Hobbes)認為人類的自然情感總是使我們傾向於做出自私的行為，而唯一能使我們的

行為合乎道德的方式就是超越動物本能，按法律行事。康德(Kant)也提出了類似的觀點。康德並不否認情感有時可以讓我們做出正確的事情，但是他認為受情感驅動的行為並不是真正的道德行為。例如，如果一個人出於恐懼而服從道德律，對於康德來說這就不是一種道德行為。根據康德的觀點，使行為合乎道德的唯一方式就是排除情感的因素而服從道德律，就是為了服從法律而服從法律。這種冷冰冰的道德觀只適用於瓦肯人。

然而不幸的是，康德的道德觀對西方思想有很大影響。一方面，他提倡的是情感的消極觀點，因此現在人們普遍認為當行為由情感驅動時，就會失掉道德價值。幾年前英國一位保守黨政治家為這一荒謬的論據提供了一個經典案例。為了駁斥對手關於在社會各階層重新分配財富的政策，他指責對手是在宣揚「嫉妒政治」。其潛在的理由很清楚：嫉妒是一種情感，而且不是甚麼好的情感，因此由這種情感驅動而制訂的任何政策都是不對的。但嫉妒並非一無是處。事實上它是正義感的關鍵所在，驅使我們建立一個更公平的社會。「嫉妒是民主的基礎」，伯特蘭·羅素曾這樣寫道。也許它的進化正是出於這樣的目的，因為當我們的祖先生活在靠捕獵和採集為生的小群體中時，防止過度的不平等是非常重要的。嫉妒的進化也可能僅僅是促使人們為自己爭取更多的東西。不管是甚麼

原因，嫉妒是人類本質的一部分，政治家不能通過立法將其消除。我們可以做的就是決定怎樣表達這種情感，或者通過財富重新分配政策，或者通過暴力和偷盜。那位保守的政治家是否認為後者更好一些呢？

另一方面，康德的道德觀為人們如何進行道德判斷也提供了一個誤導性的觀點。根據道德律理論，當我們要決定哪一種行動更道德時，我們就會針對具體情況用一些普遍規則來判斷，就像法官根據拿破崙一世時的法律制度來履行職責一樣。這樣的觀點使哲學家萊布尼茨(Leibniz)夢想創造一種可以套用規則的機器，使道德判斷自動化，最終排除道德生活中的所有不確定因素。如果我們想要知道一件事情是對還是錯，只要諮詢一下自己的道德電腦就可以了。

今天，許多關於道德行為的心理學著作中仍然存在關於道德程序的幻想。大部分關於兒童道德判斷能力發展的理論仍然基於這樣一種觀點，即道德判斷能力的發展在於掌握一系列的規則。《星空奇遇記》再次將這一觀點用擬人化的手法表現了出來，儘管這一次的人物是《星際旅行：下一代》中的，而不是來自原初系列。指揮官戴塔是一個酷似人類的機器人，很難看出他和我們有甚麼不一樣。在戴塔的矽腦中是一個只考慮道德行為的特殊軟件。在有一集中，這一「倫理子程序」失靈，於是戴塔突然變得不體諒他人，然後精神錯亂。

精神病患者確實無法用道德標準來評定，但這並不是因為他們缺少「倫理子程序」。我們多數人所具有的、而精神錯亂者沒有的道德能力不是基於像電腦程序指令一樣的一組規則，而是基於同情、內疚、驕傲等情感。因此兒童道德能力的發展不能用命令或者規則來教導，除非他們的情感能力也得到了很好的培養。精神錯亂者執行規則的能力只會更強。沒有道德情操來指導你的道德判斷，你遵守的就僅僅是法律條文而不是法律的精神。

第三章
通向幸福的捷徑

能夠讓我們高興和痛苦的事情太多了。看美麗的日落、做愛、吃冰淇淋、聽巴赫的康塔塔是四種截然不同的活動，但它們都能引起愉快的感覺。相反，丟失最喜愛的玩具熊、考試不及格、聽到所愛的人死亡的消息都會讓人感到痛苦。在這種令人迷惑的差異背後是否有任何模式呢？

為了解答這一問題，心理學家建立了一個巨大的數據庫，把能讓人感到幸福的事情收錄了進去。幸福與愉快雖然不同但卻緊密相連。愉快是一種基本情感，與其他基本情感一樣，每次只持續幾秒鐘，很少超過一分鐘。而幸福是一種心境，它持續的時間很長——從幾分鐘到幾小時。心境是一種背景狀態，它能增強或者降低人們對情感刺激的反應。例如，心情好時更容易對好消息作出高興的反應，而在悲傷的心境下，反應就不會很強烈。相反，悲傷的人聽到壞消息時更容易哭泣，而心情愉快的人對此可能只是一笑了之。焦慮的心情更容易讓我們害怕，而煩躁的心情更容易讓我們憤怒。

比起愉快，人們對幸福更感興趣，因為幸福持續時間更長，而且更容易讓人產生愉快感。看見美麗的日落產生的愉快感並不比日落本身持續的時間長，但是這種體驗可能會讓我們連續幾小時都處於一種幸福感當中。當心理學家對總體生活滿意度進行研究時，他們調查的是幸福感而不是愉快感。針對生活滿意度的幾百個調查結果構成了世界幸福數據庫(The World Database of Happiness)。

仔細考察這一數據庫，最突出的一點就是物質財富並不能讓人感到幸福。幸福不能用錢來買這句老話似乎得到了科學印證。當然，有錢可以使你遠離那些因為最常見的原因而導致的不幸，如饑餓和缺醫少藥，但是離獲得幸福還相差很遠。

然而，今天仍有許多人幻想着物質財富是解決所有問題的靈丹妙藥。因此，贏得彩票成了人們共同的夢想。

如果這些人知道對那些大獎獲得者所做的研究，這樣的夢想可能就沒那麼普遍了。研究表明，多數人在中獎之後並不是非常幸福。當人們贏得巨額彩票後，很少有人覺得生活滿意度提高了，多數中獎者的幸福感會迅速消退，感覺又回到了中獎之前。以前幸福的人仍然幸福，以前抑鬱的人仍然抑鬱。

一夜暴富引起的幸福感很少能持久。當最初的興奮消失後，突然的落差甚至會降低你的幸福感，至少

亞當‧斯密這樣認為(見下框)，儘管最近的研究對這一觀點提出了質疑。斯密認為突然的好運氣——不管是錢還是別的甚麼——都可能有副作用。約翰尼‧埃斯(Johnny Ace)就是一個例子。約翰尼‧埃斯是一位搖滾歌星，1952年他的第一支單曲就榮登排行榜榜首，他也由此一夜成名。接下來的三張唱片也迅速走紅。默默無聞的牧師的兒子突然間成為了一位搖滾明星。然而他的運氣隨後慢慢消失了。雖然他的第五支單曲也很成功，但效果不及前幾張。第六張唱片甚至都沒有進入排行榜。在1954年的平安夜，約翰尼用一支左輪手槍對準了自己的頭部，開槍自殺了。有人認為是他在擺弄那支槍的時候槍走火了，但更可信的解釋是：突然成名使他無法應對挫折，而大多數音樂家在成名前對這種挫折早已習以為常。

如果物質財富和突然的好運不能讓人幸福，那麼甚麼能讓人幸福呢？根據幸福數據庫，最能讓人感到幸福的是那些最熟悉不過的事物：好身體、好朋友，以及良好的家庭關係。與父母、孩子和配偶的良好關係是幸福生活的關鍵。愛一個人、養育一個孩子，這些事情最容易讓人感到持久的喜悅。古老的格言再次得到印證。

如果幸福的關鍵就是得到並保持良好的人際關係，那麼缺乏這種關係就會讓人感到悲傷。損失錢財會讓人傷心，但是失去所愛的人會更讓人痛心。如果

亞當・斯密論好運氣的危險性

一個人由於命運中的一些突然變化，所有的一切一下子提高到遠遠超出他過去經歷的生活狀態之中，可以肯定，他最好的朋友的祝賀並不都是真心實意的。一個驟然富貴的人即使具有超乎尋常的美德一般也不會讓人感到愉快，而且嫉妒的情感通常也會妨礙我們由衷地替他感到高興。如果他有判斷力，他就能夠感受到這一點，不會因為自己交了好運而洋洋自得，而會盡可能地努力掩飾自己的高興……然而他很難在所有這些方面取得成功。我們懷疑他的謙恭是否真心實意，他自己對這種拘束也逐漸感到疲憊。因此，不用多久他可能就會忘記所有的老朋友，除了一些最卑鄙的人之外，他們可能會淪落為他的扈從；他也不是總能交到新朋友；正如他的老朋友由於他的地位變得比自己高而感到尊嚴受到冒犯一樣，他的新交發現他同自己地位相等時也會感到自己的尊嚴受到了冒犯。只有時時刻刻保持謙遜才能補償對兩者造成的傷害。他通常很快就會疲倦，並被前者陰沉的充滿疑慮的傲慢神氣、後者無禮的輕視所激怒，因此對前者不予理睬，而對後者動輒發怒，最終他變得傲慢，失去所有人的尊敬。如果像我認為的那樣，人類幸福的主要源泉來自於感到被愛，那麼命運的突然改變就很難對幸福產生多大作用。最幸福的人是逐漸提升到高貴地位的人……」

資料來源：亞當・斯密，《道德情操論》（1759）

IT COULD BE YOUR WEEK.

IT COULD BE YOU.

THE NATIONAL LOTTERY™

圖11 英國國家彩票的廣告宣稱「可能就是你」，它利用的就是人們的
幻想——物質財富會帶來終身幸福。

悲傷與失去有關，那麼最痛苦的事就是失去其他的人：孩子離家、朋友背叛、配偶逝世。

在前面幾章中，我們瞭解到愉快和悲傷的情感是作為驅動力進化而來的，就像軀體內的胡蘿蔔和大棒。幸福和悲傷的作用也與此類似。自然選擇在塑造人的心靈時並沒有讓它直接去思考怎樣最好地傳遞基因。但是，它給了我們感受幸福的能力，然後將幸福的體驗與那些幫助我們傳遞基因的事情聯繫在一起。戀愛會讓我們感到幸福，其原因是那些喜歡戀愛的祖先比喜歡獨處的祖先更容易傳遞基因。

這個觀點成立的前提是：那些讓我們高興的事情也能幫助我們複製基因。幾百萬年以來，情況確實是這樣的。早在石器時代以前，我們祖先獲得幸福的唯一方式就是做一些有助於傳遞基因的事情，如交朋友和談戀愛。然而，在過去幾千年中，技術的發展使這一切都改變了。在所有的動物物種中，只有人類發明了能夠人工製造快樂的方式。這些情感技術縮短了通向幸福的自然之路。我們不用再花幾個月或者幾年去尋找愛人了，吸毒就可以讓我們在瞬間得到快感。我們不一定要做那些幫助我們傳遞基因的事情才會快樂。我們的聰明才智似乎已經勝過了自然選擇。

把抑鬱説出來

我們祖先創造的第一種情感技術是語言。人們以各種方式通過語言來人為地激發幸福感，這些方式對遺傳並沒有明顯的益處。這裏我會提到三種方式：安慰、娛樂和「釋放」。前兩種使聽者受益，後一種使説話人受益。

早在我們的祖先學會交談之前，他們可能就已經用擁抱和愛撫來互相安慰了，但是語言的出現為他們提供了新的安慰方式，即用言語表示同情或提出建議。通過這種方式，他們發現語言是抗抑鬱的良藥。這一方法存在了許多年，現在幾乎成為了一種本能。當朋友情感低落時，我們就會自然而然地想通過聊天讓他們高興起來。當我們情感低落時，也會自然地通過語言來自我調整，對自己説一些鼓勵的話。由阿龍‧貝克(Aaron Beck)在20世紀60年代創建的認知療法就是基於這種內心獨白的一種心理療法。認知療法的創新之處在於它試圖將這一過程系統化，但是，通過和自己對話來自我安慰這種做法可能與語言一樣古老。

認知治療師會教給人們如何識別自己的消極思想，並且用更積極的想法來代替它們，從而使人們成為情感的主人而不是奴隸。這一做法隱含着一個古老的觀點，即亞里士多德所説的情感可以影響思維也可以被思維所影響(下一章會進一步探討)。通過努力克

服消極的思想，鼓勵積極的思想，我們可以學到一些控制情感的方法，從而憑藉意志的力量使自己走出憂鬱的陰影。但這種方式不是任何時候都行得通。有時我們牢牢地被情感所控制，無法再有任何其他的想法，這就是為甚麼認知療法並非總能奏效。對於稍感沮喪的人來說，建議她換個角度看問題可能會有所幫助，但是對於嚴重抑鬱的人來說，這種建議就顯得很輕率。告訴一個有自殺傾向的人要積極地思考並不能讓他樂觀起來。

認知療法並不是給一些輕率的建議，而是教給人們識別和消除消極思維的具體方法。加上訓練有素的治療師的輔導，認知療法可以像「百憂解」等抗抑鬱藥一樣有效。然而，儘管認知療法宣稱擁有種種具體的治療技術，我仍然懷疑發揮作用的並非治療師的建議，而是同情的表達。另一種用語言使人們高興起來的方法是講故事和笑話。故事迎合了我們對社會信息的需求。儘管故事是虛構的，但它也能夠滿足這種演化出來的興趣。從進化論的觀點來看，這是很奇怪的。如果 —— 按照某些人的觀點 —— 語言的進化是為了讓我們的祖先交換其他社會成員的信息，那麼獲得這樣的信息能否引起滿足感應該取決於是否相信其真實性。追求虛假信息並從中獲得滿足並不能讓我們取得進化上的優勢，但人們對故事和戲劇的喜愛似乎說明了他們能從這些虛構的信息中獲得滿足。笑話迎

合了人們的幽默感，它給人類進化帶來的好處就更加神秘了。傑弗里·米勒（Geoffrey Miller）認為，故事和笑話之所以能讓我們高興是因為它們提供了有用的信息，即講述者的智慧。當某人講故事時，他是在吸引人們關注他的創造力。當某人講笑話時，他是在表現他對這個笑話的理解。因此，講故事和講笑話並不是技術而是本能。

第三種與語言有關的情感技術是釋放。釋放指的是通過傾訴來消除不愉快的情感。安慰和娛樂可能與語言一樣古老，但釋放則不同，它是一種較新的方式。幾千年來，人們可能一直在使用語言來「排解心中的苦悶」，但釋放不僅是說出困擾你的想法，而且是要用語言來消除不愉快的情感。釋放這一觀點的主要創建人是維也納的西格蒙德·弗洛伊德（Sigmund Freud, 1859–1939），他認為將消極情感說出來是消除它們的唯一方式。為了理解弗洛伊德是怎樣得出這一觀點的，我們先來看一看「水力理論」（hydraulic theory），它是弗洛伊德許多觀點的基礎。

水力學是關於液體在管道中的運行的科學，而情感的水力理論將情感看作在腦中循環的精神體液，就像血管中流動的血液一樣。當人們告訴你「不要把感情悶在心裏」，或者警告說你會被「壓爆」時，他們就在無形中認可了這種觀點。由於一些液體很容易變成蒸氣，「撒氣」等有關氣體的比喻姑且也可看作是

水力理論的一部分。　情感的水力理論至少可以回溯到法國哲學家和科學家勒奈·笛卡兒(1596–1650)。笛卡兒將神經看作氣壓泵，它把「動物精氣」由神經末梢傳到腦部，然後再輸送到各個肌肉部位，這與體液理論非常一致。從希臘時代一直到18世紀，這一理論在西方的醫學思想上一直佔據着統治地位。根據這一理論，決定健康的最重要的因素是體內的四種「體液」：血液、黏液、黑膽汁和黃膽汁。多數疾病被認為是這些體液的失調或者阻塞引起的，這就是為甚麼在過去兩千年中放血治療術如此盛行。

隨着笛卡兒將水力原理應用於精神領域，體液醫學理論的應用範圍就不可避免地由身體疾病擴展到了精神疾病。這在本質上與弗洛伊德創建的精神分析法相同。弗洛伊德明確指出，由於人的精神中充滿了里比多(libido)這種精神體液，它也應該被「放血」治療，就像醫生對生病的機體進行放血一樣。情感表達是釋放精神體液的正常途徑，如果情感表達受到阻礙，精神體液就會尋求其他出口，從而可能導致危險。

弗洛伊德的一番論證告訴我們，自然的情感表達一旦受阻，後果將非常嚴重。如果你生氣了卻沒有將怒火發洩出來，怒氣不會自行消散。如果這種怒氣沒有通過自然出口釋放出來，例如朝那個惹你生氣的人發火，它就會像有毒的體液一樣留在體內，直到後來你向那些無辜的人發火。弗洛伊德認為，如果所有這

些情感表達都受到了阻礙，它將尋求其他宣洩方式，甚至是一些有害的方式，如引起身心失調。幸運的是，還有其他「清除毒素」的方式，它們可以讓積壓已久的情感得到釋放，而不用違反社會規範或讓自己生病。

傾訴的作用好比安全閥，它使心理壓力得到釋放，就像多餘的氣體得以從阻塞的管道中釋放出來一樣。這種觀點有時被稱為情感的「宣洩理論」。任何能將負面情感「排出體外」的事都可被稱為「宣洩」體驗。宣洩(Catharsis) 一詞源於希臘語，是亞里士多德的《詩學》中的一個關鍵概念，但那時這個詞有着不同的含義，它與情感的水力理論毫無關係。該詞現在的用法源自弗洛伊德，他用「宣洩」一詞來描述他所假想的「精神體液」的釋放。於是，弗洛伊德無意中使人們誤以為情感的水力理論來自古希臘，這真是大錯特錯。對於亞里士多德所說的宣洩一詞的確切含義現在仍有爭議，但可以肯定的是，它與「撒氣」 無關。哲學家馬莎‧努斯鮑姆(Martha Nussbaum)認為宣洩是一種高級智力活動，在這一活動中情感與人類活動的關係通過體驗和反思過程逐漸清晰起來。在亞里士多德看來，劇院是進行宣洩的理想去處，也許是因為它可以讓我們以托馬斯‧舍夫(Thomas Scheff)所說的「最佳審美距離」體驗情感。如果我們被一種強烈的情感直接控制，我們可能無法從這種強烈的情感體驗中學到甚麼。相反，如果離情感事件太遠，我們就

不會有任何感觸。戲劇的功能也許就在於它為我們提供了一個情境，使我們能在安全的距離內去體驗種種情感，從而學會今後如何更好地應對。

如果情感的水力理論不是古希臘時期的觀點，與亞里士多德的宣洩理論也無關，那麼它是從哪裏來的呢？正如前面所説，這一理論的一部分源於疾病的體液理論和笛卡兒的神經好比氣壓泵的觀點。然而，用語言表達情感的作用與安全閥類似這一觀點則是近期才出現的。自從20世紀初弗洛伊德使這一觀點得到普及後，它就日漸盛行，時至今日已成為許多西方國家的共同觀點。讓我們回頭看一下梗着脖子、優越感十足的維多利亞人。在維多利亞時代，「情感素養」(emotional literacy)受到高度的重視。不能公開交流情感的人被認為是心理上不成熟的人、是情感被普遍壓抑的舊時代的產物。然而，心理學家逐漸意識到情感的水力理論過於簡單。自然的情感宣洩在某些情況下可能非常有益，但在其他情況下就會帶來危害。

最近的證據表明，如果討論情感的時機不對，也有可能產生危險。該證據與一種叫做「疏泄」(debriefing)的心理療法有關。在許多西方國家，創傷事件的受害者都會接受疏泄治療。每當發生重大災難，如火車出軌或者劫機事件，諮詢師就會與緊急救護人員一起飛到現場。在醫生完成對身體創傷的治療後，諮詢師會針對其「心理創傷」進行治療。治療包

括回憶創傷事件以及說出對這些事件的所有感覺。

疏泄療法與弗洛伊德經典的精神分析法在許多方面差別很大，但它們的基本思想是一致的。與精神分析法一樣，疏泄療法也是基於情感的水力理論，主張把創傷引起的負面情感說出來，而不要積在心裏，這樣負面情感就會煙消雲散，不會留下任何傷害。如果情感的水力理論成立，那麼在創傷事件後立即接受疏泄治療的人應該比沒有得到治療的人的長期症狀要少。然而，根據心理學家喬·里克(Jo Rick)的研究，情況正好相反：疏泄實際上會使情況惡化。在對交通事故受害者的一項研究中，喬·里克發現接受過疏泄治療的人比沒有接受過的人在事故發生一年後表現出更多的閃回和恐懼。

隨着近幾十年來腦研究的發展，我們現在明白了為甚麼說出創傷記憶會使情況惡化。不愉快的記憶不同於未經處理的傷口，如果你不予理睬，它們並不會像弗洛伊德所認為的那樣潰爛下去。它們會消失，這是一種「消退」過程。相反，如果最初的經歷被複述，負責記憶編碼的神經通路就會不斷被激活，從而阻止消退。談論舊的記憶並不能使它們消失，反而會讓它們更活躍。早在神經科學研究發現消退過程之前，亞當·斯密就認識到了這一點。在《道德情操論》一書中，他說，「在談到他們的不幸時」，那些尋求同情的人「激活了對痛苦情景的回憶。於是眼淚

比以前流得更快，自己陷入了痛苦的無助之中。」

進化論也對情感的水力理論提出了一些嚴肅的質疑。水力模型將情感視作不惜一切尋求宣洩的力量。就像河水既可以通過正常河道也可以通過分流注入海洋一樣，情感壓力也可以通過不同的方式得到很好的「釋放」，不論是交談和寫作，還是神經症狀與藝術創造。從進化論的角度來看，這似乎是一種很奇特的精神設計。為甚麼自然選擇會創造出這樣一種變幻莫測的心理能量？頭腦的進化使我們能夠解決很多具體問題，這些問題對於生存和繁衍都是至關重要的。特定的行為模式——比如逃跑——在某些情況下——例如在捕食者靠近時——會有正面效果，而在另外一些情況下則危害極大，如離開一個可能成為自己配偶的人。如果不同情感的進化是為了激發不同的行動，我們就很難理解為甚麼它們在得不到宣洩時會像廢品一樣「堆積」，更不要說為甚麼毫不相關的行為可以使它們得到「釋放」了。

看來語言並不是通向幸福的最有效的捷徑。雖然一些仔細斟酌過的話有時會帶來安慰，一個有趣的笑話可以引起陣陣笑聲，但它們並不能治療嚴重的抑鬱。正如我們剛剛談到的，把不快說出來未必是舒緩情感的最佳方法。因此，人類一直在尋求除語言之外的情感技術，它們會成為更快、更安全的通往幸福的捷徑。

感官愉悦

　　顏色的運用就是這樣一種技術。幾千年來，人類用極其鮮亮的顏色裝扮自己的身體和周圍環境，就像巧克力能夠刺激味蕾一樣，這些顏色刺激着我們的視覺系統。自從第一種人造染料——譬如大約十萬年前我們的祖先用來描畫身體的紅赭石——被發現之後，人類就開始利用鮮亮的顏色來達到影響情感的目的。

　　顏色通常不會直接影響情感。對於有自閉症等精神障礙的人來說，光是看到一種顏色就可能引起一陣心慌，但對於多數正常人來說，顏色是通過影響心情來間接影響情感的。呆在紅色的房間裏並不會讓人生氣，但可能會使人處於一種易被激怒的狀態，導致人們很容易發火。為了拍攝一些情節緊張的鏡頭，意大利電影導演米開朗基羅·安東尼奧尼（Michelangelo Antonioni）曾經將餐廳漆成紅色，以使演員進入狀態。幾周後，他注意到使用那個餐廳的其他工作人員變得更有攻擊性，有幾次甚至打了起來。心理學家尼古拉斯·漢弗萊（Nicholas Humphrey）所做的一些實驗為顏色對情感的影響提供了部分強有力的科學依據。他將猴子關在特製的籠子裏，這個籠子有兩個小間，中間由一條隧道接通。當一個小間亮藍燈，另一個小間亮紅燈時，猴子們都喜歡呆在亮藍燈的地方。它們也會出於好奇跑到紅色的小間裏去，但很快就會跑回來並

一直待在亮藍燈的小間裏。如果兩個小間都是紅色的，這些猴子就會在這兩處來回跑，哪個地方都呆不下去。紅色使猴子們緊張易怒，而藍色會使它們處於放鬆狀態。

紅色和藍色對人類的情感也會產生類似的影響。當處於紅色光線下時，人們會出現血壓升高，呼吸加速，心跳加快等反應。而藍色光線的作用剛好相反。在紅色的房間裏，人們主觀上感覺更溫暖，但也更易緊張、更易產生攻擊性。這些反應不只是文化的產物，兩個月的嬰兒在藍色光線下比在紅色光線下更容易安靜下來，這表明人們對某些顏色的情感反應是先天的。但是自然選擇為甚麼將我們的頭腦設計成這樣？對某些鮮豔顏色的喜愛或對其他顏色的厭惡對於祖先的生存有甚麼幫助？紅色具有溫暖效應是不是因為我們祖先擁有的兩種熱量來源 —— 陽光和火 —— 都是這個顏色呢？紅色光線會引起焦慮又是怎麼回事？是因為它與血的顏色相同嗎？

不管我們對顏色先天的偏愛是出於甚麼原因，自然通常不會只呈現出一大片單色。美麗的落日有時會將整個天空染成一片粉色或紫色，但是自然的美通常是由許多不同的顏色組成的。孔雀的尾巴和美麗的風景在觀賞者面前展現出的是不同層次的色彩，而不是像安托尼奧的紅色餐廳那樣的一大片單色。油漆和光線就是自然色中的一種，它們通過佔滿人的整個視野

來增強顏色的自然影響。用生物學的術語來說，人工顏色是「超刺激」。它們對於顏色的選擇與自然是一致的，只不過更加濃墨重彩一些，從而達到它們的效果。正如畫家弗朗索瓦·布歇(François Boucher)所說，與洛可可藝術霓虹般的光彩相比，自然顯得「太綠而且亮度不夠」。

　　然而，一整片單色不一定比馬賽克式的圖案更有感染力。馬賽克圖案雖然簡潔不足，但極具設計感。與單色對人的情感影響相比，它的感染力更加因人而異，因此同一張畫可能使一個人產生很大的反應，而另一個人則無動於衷。然而，人們的審美傾向還是有一些明顯的規律的。當人們在一些抽象畫中進行選擇時，多數人的喜好是相同的。另外，人們通常更喜歡著名畫家的原作，而不是由電腦隨意修改過的版本。原作中一定體現了某些特點，而這些特點正好符合人類視覺系統固有的偏好。目前，科學家不知道這些特點是甚麼，但是那些頗受歡迎的畫家一定對這些特點有一些直覺感受。正如風景畫家約翰·康斯太布爾(John Constable)所說，繪畫是一種科學，畫作就是實驗。抽象畫和具象畫都需要畫家有足夠的技巧，至少要知道哪些實驗能夠成功哪些不能。

　　正如不同顏色可以構成一幅美麗的畫面一樣，不同頻率的聲音也可以譜出一支動聽的旋律。與視覺藝術一樣，音樂也是一種純粹生產快樂的技術，它可以

直接觸動我們的感官。用史蒂文‧平克的話說，音樂是一塊「滿足聽覺的奶酪蛋糕」；對於莎士比亞來說，音樂還是愛情的養料，這說明音樂可以引起除幸福之外的情感。

與視覺藝術一樣，音樂通過改變心情來間接影響情感。雖然針對哪些音樂會使人們處於甚麼心情的科學研究很少，但如今，多數人能體會到從鄰居的房間或者路人的隨身聽裏傳出的吵鬧、單調的音樂會讓人易怒。聽到這樣的音樂通常並不會立即讓你憤怒，而是讓你的心情慢慢變壞，使你更容易被激怒。同樣，超市裏播放的輕音樂也不會直接讓我們感到高興，否則就背離了他們的目標，因為超市老闆並不希望音樂就能讓你感到滿足。他們的目的是通過音樂讓你放鬆心情，從而使你更易被某些想法所引發的幸福感而打動，例如買一塊昂貴的巧克力蛋糕所帶來的快樂。

在這一領域為數不多的科學研究中有一個很有意思的發現，即莫扎特的許多曲子——如《G大調弦樂小夜曲》（Eine kleine Nachtmusik）——都能讓聽者感到心情愉悅，即使那些並不喜歡古典音樂的人也是如此，這說明好的作曲家能夠觸及人們共同的音樂偏好，就像好的畫家能夠觸及人們共同的視覺偏好一樣。近來的神經科學研究為這一觀點提供了佐證。研究發現，當一個人聽古典音樂時，大腦不同區域的神經元比聽相同音符隨意組合出來的聲音時跳動得更協

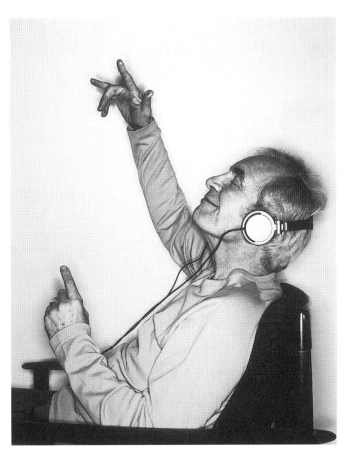

圖12 音樂是我們創造的最有效的情感技術之一。

調。音樂的這一益處仍然是個謎。人類與其他靈長類動物一樣，視覺系統高度發達，其次就是聽覺系統。其他感官系統則相對簡單，或者是我們對其複雜性缺乏瞭解。因此，我們自然會最推崇滿足視覺和聽覺的情感技術，而滿足其他感官的技術就沒那麼受關注了。儘管如此，嗅覺、味覺、觸覺等感官並未被忽視。雖然香薰治療師對不同氣味的影響進行過一些有趣的分類，但人們對不同氣味對情感的影響仍然知之甚少。氣味對情感的影響是香水工業的基礎，從佛教到基督教，許多宗教信徒都會通過薰香使自己進入冥想狀態。

人們對觸摸對情感的影響瞭解較多。被另一個人撫摸可以使大腦釋放出讓人放鬆的天然鎮靜劑。這一現象可能源於靈長類動物時期，即大約五百萬年前人類和大猩猩擁有共同祖先的那個時期。同現在的猩猩一樣，靈長類動物經常會梳理毛髮，每天花很多時間互相清除對方身上的蝨子。互相梳理毛髮不只是為了清除對方身上的寄生蟲，也是可靠的表達友誼的信號。對這種友誼信號的偏愛促使滿身毛髮的祖先去尋找朋友。不喜歡別人為自己梳理毛髮的個體會發現自己在打鬥時沒有同盟。

就像我們演化而來的視覺喜好是視覺藝術的基礎一樣，我們的觸覺喜好是按摩術的基礎。與美術和音樂一樣，按摩是一種古老的技術。古埃及人會通過按

摩進行治療，希波克拉底(Hippocrates)建議醫生「在各方面都要有經驗，尤其是一定要有按摩的經驗」。在過去的幾十年裏，按摩一直是替代治療法的核心之一，在今天，它的治療價值又在傳統醫學中得到了體現。

味覺上的情感技術當然是烹飪。烹飪對自然味道的加工就像繪畫對自然色彩和音樂對自然聲音的加工一樣，它用各種方式加工自然食品，並根據一些經典的食譜將它們組合起來。烹飪將自然食品加工得更加誘人，刺激着我們的味蕾。如果草莓的美味在於甜，廚師可以做出草莓冰淇淋等更甜的東西，比草莓更好吃。然而，由於我們沒有沿着自然選擇所安排的曲折道路去尋找幸福，而是大膽地走了捷徑，我們也因此遭到了報復。自然選擇為我們提供了一種廉價而又簡便的方法來吸收糖份，那就是吃甜食，但這也會導致我們攝取過多的糖份。在石器時代並不存在這種危險，因為只有水果中才有糖份，而且是經過稀釋的。然而在今天，糖份來自濃縮而成的塊狀糖果，嗜食甜食會對健康造成嚴重的威脅。肥胖症現在成為了許多富裕國家的流行病，其主要原因在於烹飪這一新奇的技術剛好滿足了人們對糖份和脂肪的大量需求。

通過刺激味蕾或者在消化過程產生其他化學反應，味覺技術也可以使人產生愉快的心情。巧克力可以很有效地改善情感，多數含糖的食物和飲料也是如此。然而，研究表明，雖然多數人在吃過巧克力後會

圖13　幾千年前人類就瞭解到嗅覺對情感會有影響。這是公元前400年左右的一幅埃及石刻，圖中的女祭司伊哈特在嗅荷花香。

感到心情愉快、精力充沛，但這種影響很快就會消失，一小時過後，人們的感覺往往比吃巧克力之前還要差。茶和咖啡也是這樣，它們有短期的興奮作用，然後這種作用會慢慢減弱。多數藥品的效果也是一樣。事實上，食品和藥品[1](drug)的區分是任意的，時至今日，仍然沒有科學根據來區分藥品和我們所攝入的其他物質。如果我們攝取某種東西主要是為了作用於精神，而不是滿足營養或味覺上的需求，我們往往就會稱其為藥品，但是多數食品和飲料都對精神狀態有一定影響。例如，農家鮮乾酪和雞肝都富含色氨酸，它能使大腦分泌出一種叫做血清素的化學物質，這種化學物質能夠讓人心情愉快。我的一位獸醫朋友曾經給他的狗吃了一周的農家鮮乾酪和雞肝，結果這條狗看上去比平常更興奮。因此，我們應該將藥品看作食物連續體上的一端，而不是單獨的一類物質。

通向快樂的化學途徑

　　藥物可能是通向快樂的最快捷的途徑。對於那些有嚴重抑鬱症的人來說，通向快樂的唯一途徑也許就是化學途徑。即使這樣，許多人還是不願意讓醫生給他們開抗抑鬱藥，儘管沒有其他辦法能讓他們有所好

1　本書中的藥品一詞着重強調作用於精神的藥品，包括毒品在　　內。——譯注

轉。這些人可以心安理得地喝酒、吸煙、甚至為了消遣而吸食可卡因，但是一旦要用調節情感的藥物來達到治療目的時，他們就有一種奇特的厭惡感。他們認為抑鬱是必須自己去克服的事情，用藥物來治療抑鬱會暴露出精神上的懦弱。精神科醫生傑拉爾德‧克勒曼(Gerald Klerman)創造的「藥物卡爾文主義」一詞指的就是這種對抗抑鬱藥物的奇特態度。

　　無論改變情感的藥物是用於治療 —— 如給抑鬱症患者開百憂解，還是用於娛樂 —— 如在聚會上服用迷幻藥，其化學作用都是相似的。百憂解和迷幻藥都能提升血清素的水平。這使得一些人提出血清素是情感的化學基礎。根據這一理論，當腦中的血清素水平高時，我們就會情感高漲，當血清素水平下降時，情感就會低落。然而，這一簡單的假設並非與所有的證據都吻合。儘管有觀點認為有自殺傾向者的腦中沒有血清素，但並不是所有抑鬱症患者的血清素水平都不正常。另外，百憂解等抗抑鬱藥物就像迷幻藥等娛樂性藥物一樣，它可以在一兩個小時內迅速提升大腦中的血清素水平，但它的抗抑鬱效果並沒有迷幻藥的興奮效果來得快。多數抑鬱症患者需要連續兩到三周每天服用百憂解才能感到症狀有所減輕，而迷幻藥只要服用一次，45分鐘之內就能見效。因此，情感不只是大腦中的血清素水平的問題。由於血清素的簡單假設非常適合產品營銷，各醫藥公司都紛紛借題發揮。事實

上，我們現在仍然不太瞭解情感的化學構成或抗抑鬱藥的作用原理。

除血清素之外，其他的腦化學物質 —— 如多巴胺和去甲腎上腺素 —— 也對情感有重要的影響。因此，影響這些化學物質的藥物也可以用來改變人的心情。可卡因和安非他明可以提高多巴胺和去甲腎上腺素的水平，因此這些藥品會讓人產生興奮感。其他藥物，如氯丙嗪，雖然也可以像可卡因和安非他明一樣快速提高這些化學物質的水平，但並不能同樣迅速地產生興奮感。因此，情感的神經基礎一定更複雜，遠不只是有多少多巴胺和去甲腎上腺素的問題。

與巧克力、茶和糖一樣，多數娛樂性藥品的對情感的改善作用只是暫時的，當人們從這種快感中清醒過來後，取而代之的是一種極度的痛苦。你也可以在第一次快感消失前再用一劑藥，但是，快感維持的時間越長，清醒之後就越痛苦。為了無限制地推遲這種快感的消失，有些人成為了癮君子，持續服藥以維持永久性的快感。這樣，服藥就成為了生活中唯一有價值的活動，因為其他事情都不重要了。詹姆斯·奧爾茲(James Olds)曾做過一個實驗，他把一隻老鼠放在籠子裏，籠中有一個與導線相連的槓桿，而老鼠腦中的獎賞中樞被植入了一個電極，每當老鼠按壓槓桿時，導線就會向電極通電，受到電極刺激的鼠腦就會分泌出一陣多巴胺，就像人類吸入了一撮可卡因一樣。不

用多久，老鼠就開始不停地反復按壓槓桿，無視周圍的一切，甚至食物，完全就像一個吸毒成癮的人。

當成癮者的身體和腦適應了藥物之後，他們就需要更大劑量才能獲得同樣的快感。大劑量藥物進入體內帶來的長期影響會嚴重危害身體的各個器官。長期有規律的吸食可卡因往往會導致鼻竇炎、流鼻血、鼻隔膜穿孔，最終導致心力衰竭、中風和精神病。酒精是最容易上癮的物質之一，它幾乎影響到所有的器官，因此酒精上癮者得肝硬化、胃癌、心臟疾病和健忘症的概率更高。而香煙中的其他物質——如焦油、二氧化氮等——對身體的危害比尼古丁還要大，它們能夠誘發心臟疾病和肺癌。濫用迷幻藥的長期影響還是未知的，但是它可能增加患抑鬱症和老年癡呆症的危險。

通過控制自己的習慣，多數藥物使用者可以避免這些危險。正如多數飲酒者不會成為嗜酒者一樣，許多使用大麻、迷幻藥和可卡因的人也沒有成為癮君子。任何成癮物，無論是香煙和茶，還是可卡因和海洛因，只要適當注意就可以正確使用。在19世紀晚期，許多有地位的人都在服用可卡因，特別是那些含雜質的，原先的可口可樂中就含有這種成份。維多利亞時代的男子常常在倫敦各地的聚會場所中吸食鴉片。夏洛克·福爾摩斯也注射嗎啡。人們今天對這些成癮物的過度緊張主要是由於當前的監管部門造成的。

任何藥物都有副作用。即使是最新的策劃藥（designer drugs）也有除治療以外的其他作用。百憂解在減輕抑鬱的同時會增加焦慮，至少在前幾個星期的治療中是這樣。服用百憂解還會使人難以達到性高潮（儘管這未必是件壞事）。其他輕微的副作用包括：情感上的麻木和疏遠，對他人情感需求的敏感度降低。因此，作為通向快樂的捷徑，精神藥物是把雙刃劍，如果我們能負責任地恰當使用，它們就會為生活增添光彩。但是，對那些毫不警惕的人來說，就會有上癮（甚至是被捕）的危險。

與語言、色彩、音樂一樣，藥物是一種古老的情感技術。酒精是最近五千到六千年前才發明出來的，而考古證據表明，早在這之前人類就開始使用其他精神藥物了。這些物質的使用最初與宗教典禮和其他儀式有關，而不是像今天這樣用於享樂。一千年以前，印加人限制古柯葉的使用，只有皇族和牧師才能使用這些可以提煉出可卡因的葉子。

無論一個人使用藥物是為了享樂還是為了作用於精神，藥物對情感的影響基本上是穩定的。神聖的種子可以讓穴居人得到快感。如果這些物質對於情感沒有影響，將它們用於宗教就毫無意義了，因為情感是宗教體驗不可分割的一部分。宗教體驗所激活的大腦區域與迷幻藥所激活的區域是一樣的。與冥想和祈禱相比，通過服用藥物來進入狀態不一定就是不夠虔

誠。反過來，不信教的人也可以通過冥想等「宗教」行為來達到穩定情感的目的。

情感的身體技術

冥想可能是調節情感的最安全的技術之一。東方的冥想形式包括長時間的靜坐、排除雜念以及均勻呼吸，這在許多方面與西方新近發明的一些放鬆方法類似。今天這些新奇的療法和幾千年前就已存在的方法在本質上是相同的，只是穿上了一層科學的外衣。

冥想和放鬆通過身體反饋來達到平靜心情的目的。均勻的呼吸和肌肉的放鬆有助於使思想處於寧靜狀態。不同的軀體動作或姿勢可以引發不同的情感。跑步可以讓人處於興奮的精神狀態，作出某種面部表情可以讓你感受到那種表情所表達的情感。所有這些通過身體動作引發某種情感的方法都可以被稱作情感的身體技術。

正如威廉·詹姆斯(William James)在1882年所指出的，情感的身體技術對我們通常所認為的情感工作原理提出了質疑。按常理來說，情感產生於身體動作之前，是身體動作的起因。出汗或者微笑等身體活動是情感的表達，而不是它的原因。例如，我們看見一隻熊時會馬上跑開，這是因為看見熊而產生的害怕情感會促使我們跑開。然而，當我們用冥想來獲得寧靜

時，或通過跑步來讓自己感到高興時，情況則剛好相反。在這種情況下，我們不是通過身體動作來引發某種情感，而不是通過情感來改變身體動作。

詹姆斯指出，身心之間的關係並非只有一種。通過某種反饋機制，身心之間可以相互影響。這種影響通過反饋而得到增強。詹姆斯將身體描述為精神的「音箱」，就像吉他的音箱可以放大弦音一樣，身體動作也會強化某種情感，這就是為甚麼我們可以「努力改善自己的情感」。詹姆斯以他獨有的文采對此進行了描述：

> 逃跳會讓人更加驚恐，陷入悲傷會讓人更痛苦。每一聲哭泣都會使悲傷更加強烈，使下一聲哭泣更加悲痛，直到筋疲力盡的機體最終平靜下來。

而情感的身體技術表明：我們可以通過主動控制身體變化來對情感加以控制。如果哭泣使悲傷更加強烈，那麼忍住眼淚應該會讓我們平靜下來。詹姆斯這樣寫道：

> 如果我們希望控制自己不願有的心情，我們必須狠下心來，努力用身體動作來表現出我們所希望擁有的那種情感……撫平眉毛，睜大眼睛，收緊背部而不是腹部，提高音調，由衷地讚美他人，如果你的心還有被融化，那它就真是鐵石心腸了！

有證據表明這種方法是有用的。我在第一章中曾提到研究面部表情的人類學家保羅‧埃克曼，他在開發一種面部肌肉動作測量術時就遇到了這種情感的身體技術。埃克曼和他的同事華萊士‧弗里森發現，當他們作出某種面部表情時，他們能強烈地體會到這種表情背後的情感。在後續實驗中，他們一步步地教被試作出幾種基本面部表情，而被試並不知道這些動作最後會形成何種表情。當他們問被試是否體會到某種感情時，這些人的回答與該表情所表現的情感完全一致。

　　當然，這也是有限制的。強迫自己微笑並不能讓自己更快樂 —— 儘管有些自助書籍會建議你這樣做 —— 這是因為情感表達牽動的許多肌肉運動都無法自主控制。例如，當你自發地微笑時，眼睛周圍的視輪匝肌（orbicularis oculi）會收縮，兩頰會向上提升，使皮膚向鼻子處皺起。由於這一肌肉不容易被自主控制，因此我們很容易區分真心的微笑和假笑。僅是嘴角上揚並不是一個完整的快樂表情，因此這樣做也不會讓人產生快樂的感覺。

　　然而，可以自主控制的肌肉和無法自主控制的肌肉之間並沒有嚴格的區分。通過瑜伽或者生物反饋技術，人們可以有意識地控制那些不受意志支配的功能。如果我們能加強對身體的自主控制，情感的身體技術不僅會比前面提到的其他技術更安全，也會更有效。

　　許多情感的身體技術不僅能暫時改善心情，從長

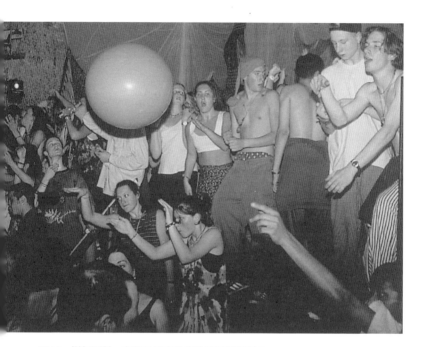

圖14　銳舞派對：它們是通向快樂的終極捷徑嗎？

遠來看，它還會使我們的人生觀更積極。出去跑一圈可能會帶來短暫的愉悅感，但是每天跑步就會提升整體的健康水平，這種健康水平能有效地反映出人們對生活的總體滿意度。運動為人們提供了各種影響情感的身體技術，舞蹈也是如此，它能改善人的情感。毒品則不同，它雖然能帶來短暫的快樂，卻犧牲了長久的幸福，而情感的身體技術無論從短期和長期上來說都是有益的。

運動和舞蹈不僅能讓參與者更快樂，如果舞姿優雅，技巧嫻熟，旁觀者也會更快樂。原因很簡單：我們的一些祖先更願意和行動矯捷的人交往或做愛，因為與石器時代的那些「沙發土豆」們相比，行動矯捷的人更有可能養育出健康的後代。觀賞性運動和表演藝術就利用了這種對技巧和靈活性的先天喜好，正如繪畫利用的是我們對某種色彩和形式的偏好一樣。

在選擇通向快樂的捷徑時，我們並非只能選擇一種情感技術，而是可以根據自己的愛好和價值觀進行篩選並予以結合。浪漫派藝術家就非常推崇不同藝術形式的混合，並且創造出「通感」一詞來形容這種混合。歌劇就是一個典型的例子，它把戲劇、詩歌、音樂、歌曲、舞蹈、繪畫結合起來，打造出一場感官上的盛宴。電影、音樂劇、電子遊戲都是更為現代的通感組合。然而，對感官最強烈的刺激形式則非銳舞莫屬。

在銳舞派對上，情感技術的全部領域 —— 語言、

感覺、化學、身體——結合起來產生一種極端強烈的愉悅感。旋轉的彩燈刺激着人們的視覺，強烈的節奏衝擊着心臟，迷幻藥使大腦冒出大量血清素，提神飲料中的咖啡因使人情感高漲，狂野的舞蹈讓人精神恍惚。如果某人的旅行不愉快，溫柔的言語可以讓他平靜下來。如果肌肉酸痛，替代治療師的按摩可以緩解這一症狀，這些治療師有時也會出現在一些更注重精神的銳舞派對上。這也再次證明了情感技術的結合並不是新事物。人類自出現以來就經常聚在一起跳舞和服用藥物。派對可以稱得上是通向快樂的終極捷徑。

第四章
頭腦和心靈

　　基本情感不會一直持續下去，多數——如果不是全部——高級認知情感也是很短暫的狀態。在絕大多數時間內，我們不會被恐懼所控制，也不會沉迷於愛。在這種中間狀態下，我們通常可以進行邏輯的思維。由於頭腦清醒，我們很容易就能看出蹩腳的論據。然而，當我們的情感變得洶湧澎湃，或者完全沉浸在某種心情中時，情形就完全不同了。此時頭腦就成為了心靈的奴隸。

　　長久以來，情感對認知能力的影響一直是人們關注的焦點。亞里士多德在他的修辭學著作中指出：「情感會促使我們發生變化，並且能夠改變我們的判斷」。近年來，越來越多的實驗研究幫助我們確認了這些影響的本質。本章討論了與注意力、記憶力和邏輯推理能力這三種認知能力有關的一些研究。

精神聚光燈

　　心理學家把能夠集中在某一思想或行動上的能力

稱為注意力。它就像是頭腦中的聚光燈，指向不同的精神活動。即使我們的腦中有數百件事情，我們也可以使聚光燈在同一時間內只集中在幾件事情上。當我們完全沉浸於某件事中時——如一個字謎或者一道難題——我們就不會想其他事情。如果我們突然被一個大的聲音所驚擾，恐懼就會使聚光燈轉向新的事件上。

聚光燈的聚光程度可高可低。當程度最高時，很強的光就會射在很小的區域上。當不聚光時，它可以照射很大一片區域，但是光線較弱。注意力也是一樣。當我們處於放鬆狀態且不受任何情感制約時，注意力就不會太集中，更多的思想就會跳入我們的意識。然而，當某種情感出現時，注意力就會突然集中在某個小的念頭上，將其他想法排除在外。這種念頭能夠反映出引起該情感的外界事物。例如，當我們害怕時，注意力就會集中在讓我們害怕的事情上；當我們憤怒時，注意力就會集中在惹惱我們的事情上。愛使我們除了愛人以外無暇顧及其他。我們常埋怨情感會讓人分心，因此，情感有助於人們集中注意力這種說法聽起來就很奇怪。事實上，這並不矛盾；我們從一個念頭上分心就是為了把注意力放在另一個念頭上。

注意力也會受到心情的影響。我們講到過，心情與情感是不一樣的。心情持續的時間更長，它通過調節人們對情感刺激的感受性來影響情感。然而，與情感一樣，心情也能迫使人們集中注意力，儘管不如情

感的作用明顯(快樂的情感可能是一個例外，它能夠擴大人們的關注範圍，使人們的注意力不那麼集中)。處於焦慮狀態的人常常會為自己的安全而憂心忡忡，但是與處於恐懼狀態的人相比，他們還能夠想一些其他的事情。

與情感一樣，心情使我們把注意力集中在引起這種心情的事情上。當處於易怒狀態時，我們可能會為最近的那些煩心事而悶悶不樂。然而，有時一種心情可能會使我們對任何事情都無法集中注意力。我們會莫名其妙地感到焦慮。這種「飄忽不定的」焦慮也會影響到注意力。它會清除我們頭腦中的一切想法，使我們關注周圍的世界。如果我們深夜走在一條黑暗的小路上，焦慮的心情會使我們對周圍的任何動靜都保持警惕。

在這種情況下，焦慮顯然是有益的。心情焦慮的人會對可能的威脅保持警惕，因此他們會對潛在的危險作出更迅速的反應。當然，這些威脅不一定是身體上的。任何妨礙你實現目標的事情都可以看作是威脅。如果你的目標是在好朋友的婚禮上作一番精彩的發言，你最大的威脅可能就是緊張時會口吃的毛病。因此，焦慮的心情會讓你對講話中最細微的停頓都十分警惕。一旦發現了這樣的停頓，你就會更加焦慮，你會發現自己緊張不安，說話也結結巴巴。在這種情況下，焦慮就會起到反作用。

心理學家用一種名為「斯特魯普情感測驗」的實驗考察了焦慮對注意力的影響。最初的斯特魯普測驗與情感無關，它的實驗方法是給人們看不同顏色的墨水印出的字，並讓人們說出墨水的顏色，然後統計出字出現在屏幕上的時間與個體給出正確答案時的時間差。這個實驗的秘密就在於：有些字就是顏色的名字，而有時候字的墨水顏色與該字所代表的顏色不一致。出現這種情況時，人們就會感到困惑，反應時間也會比較長。當墨水的顏色與字所代表的顏色一樣時——例如用紅墨水印出「紅」字，人們說出墨水顏色所花的時間更短。

　　斯特魯普情感測驗使用的詞不是顏色的名字，而是有強烈感情色彩的詞。與原來的斯特魯普測驗一樣，這些詞也是用不同顏色的墨水印出的，實驗對象的任務就是說出墨水的顏色。與那些中性詞相比，當個體看到有強烈感情色彩的詞時，他們反應的時間更長。當然，不同的詞的感情色彩也因人而異。和強姦相關的詞對於強姦受害者來說感情色彩就更濃一些。這一點在斯特魯普情感測驗中有所表現。一項研究發現，當強姦受害者看到與強姦有關的詞時，他們說出詞匯顏色的時間比其他人要長。這表明：人們在看到與創傷體驗有關的詞時會產生焦慮感，這種焦慮使人們把注意力集中在詞的意義上，從而忽略了附帶的細節，如這個詞的顏色。

情感和記憶

　　除了影響注意力以外,情感和心情對記憶也起着重要作用。與注意力一樣,記憶也具有高度選擇性。我們只能記住自己所經歷的一小部分事情。由於記憶空間是有限的,因此我們需要節省空間,只儲存少量的記憶,並且在適當的時候盡快忘記,否則生活就會異常痛苦。阿根廷作家豪爾赫·路易斯·博爾赫斯(Jorge Luis Borges)在《博聞強記的富內斯》這個故事中就清楚地表明了這一點。在這個故事中,一個名叫伊雷內奧的男孩墜馬後不幸癱瘓,他的大腦也由此發生了奇怪的變化:他的記憶變得準確無誤。從那時起,他能清楚地記住每一個景象和聲音。不用説,這使他的生活很痛苦(見下框)。

博聞強記的富內斯

他記得1882年4月30日黎明時分南面朝霞的形狀,並且在記憶中與只看過一次的皮面精裝書的紋理比較,與克夫拉喬暴亂前夕船槳在內格羅河激起的漣漪比較。這些並不是單純的回憶,每一個視覺形象都與肌肉、冷暖等等的感覺相連。他能夠再現所有的夢境。他曾兩三次再現一整天的情況,從不含糊,但每次都需要一整天的時間。他對我説:「我一個人的回憶抵得上開天闢地以來所有人的回憶的總和。」……然而,我認為他思維的能力並不強。思維是忘記差異,是歸納,是抽象化。在富內斯的頭腦中,有的只是觸手可及的細節。

記憶並不是按照事情的細枝末節來儲存的，而是根據幾個關鍵詞來分類保存。當我們要回憶甚麼事情時，就會提取幾個關鍵詞，然後根據經驗來猜測，從而填補空缺。因此，回憶永遠不會是精確的。回憶的過程更像是由幾塊碎片重新拼起一個古董罐子，而不是重放一部老電影。有時我們的回憶非常鮮活，讓我們感覺像是在重新經歷那一事件，但這只是一種幻覺，是我們在想像中進行重構的結果。當我們對同時、同地、經歷相同事件的人的回憶進行比較時，我們會發現他們的敘述有很大差別，但每個人的敘述對於本人來說都非常生動而真實。

在加布里埃爾·加西亞·馬爾克斯(Gabriel García Márquez)的《預知死亡紀事》中，一個男子回到了幾年前曾發生過兇殺案的村子。在和村民交談時，他發現每個人都或多或少地記得這次兇殺案。然而，他們的記憶各不相同。村民們用不同的關鍵詞將那個事件儲存在記憶裏，在回憶時運用自己獨特的想像力來填補空白。很顯然，被害者的親友與他的那些泛泛之交以及死對頭們對兇殺案的回憶是不同的。這說明情感在記憶中起了重要作用，它既影響到事件的存儲方式，也影響到回憶時對事件的重構。事件發生時的情感和回憶時的心情都會影響到回憶的難度和準確性。弗洛伊德認為，人們會「抑制」一些不愉快的記憶，因此這些記憶很難再重現，但事實上剛好相反。創傷

性的記憶並不像弗洛伊德所認為的那樣會退回到大腦中的某個角落。相反，它們會執意闖入我們的意識，在我們想要忘掉時困擾我們，甚至在夢中驚擾我們。這種情況嚴重時就會出現「創傷後應激障礙」，這一症狀的特點是鮮明的閃回，使個體重新經歷那些痛苦的細節。

情感會使人們對事件的記憶更深刻。任何產生強烈情感的事件，不管是消極情感還是積極情感，都比中性的事件回憶起來更容易、更準確。在一項研究中，三組學生觀看了一組15張的幻燈片，每張幻燈片都是你在走路上班時可能看到的情景。每組學生看到的都是同樣的幻燈片，只有第8張不同，這一張有三個不同的版本(見圖15)。

一個版本是一位女士正在騎自行車。另一個版本則是這位女士將自行車扛在肩上。在第三個版本中，這位女士躺在路邊，自行車倒在一旁，像是被汽車撞倒了。在讓學生回憶這些情景時，看到女士躺在地上的那一組比其他組更清楚地記住了這位女性的外衣顏色，但他們對其他細節的記憶則不太清晰，如遠處汽車的顏色。這表明與中性事件相比，人們對情感事件的核心特徵記得更清楚，而那些次要的特徵很快從記憶中消失。

回憶的難度和準確性還受到回憶時的心境的影響。心理學家戈登‧鮑爾 (Gordon Bower) 所做的很多

圖15　上一頁介紹的實驗中的第8張幻燈片，它有三個版本。

實驗表明，在我們心情好時，回憶愉快事件比回憶不愉快的事件更容易、更準確。心情不好時則剛好相反。這一現象稱為「心境一致性記憶」。在實驗中，鮑爾讓人們任意回憶並描述童年時發生的事件。第二天，當這些人處於中性心情時，鮑爾讓他們將這些事件分為愉快的、不愉快的、或者中性的。第三天，他用催眠術使每一個人出現高興或者悲傷的心情，然後讓他們回憶儘量多的事件。鮑爾發現心情高興的人回憶了許多愉快事件，只有極個別的不愉快事件；而心情悲傷的人則記起了更多不愉快的事件。

我們也許可以這樣解釋心境一致性記憶現象：當事件儲存在記憶中時，它們被貼上了情感的標籤，以此來表示經歷這一事件時的情感。當我們從記憶中提取這些事件時，與當前心情一致的標籤就會更突出。基思·奧特麗(Keith Oatley)和珍妮弗·詹金斯(Jennifer Jenkins)認為，回憶起與當前心情一致的事件有助於我們更從容地應對當前的情景。

對人和觀點進行評判

情感和心情不僅會影響注意力和記憶力，它們對決策和判斷也會產生很大影響。例如，我們對一個人的評判通常和遇見這個人時的心情有關。心情好的人對同一個人的判斷可能比心情差的人更正面一些。在

一個實驗中，實驗者通過告訴一些學生他們在模擬考試中的成績好壞來人為地引起積極或消極的情感，然後讓他們用事先準備好的一些問題 —— 如「你最重要的特質是甚麼」 —— 去面試別人。而這些學生並不知道被面試者也是實驗人員，這些人的回答都是一樣的，而且故意回答得很模糊，既表現出自己積極的一面(「我很友好」)，也表現出了消極的一面(「我很固執而且沒有耐心」)。然後，面試官要從個人和專業背景上評價應聘者。結果顯示，雖然得到的回答是一樣的，但心情好的面試官對應聘者的評價更積極，他們更有可能僱用應聘者。

不只是快樂和悲傷的心情會影響我們對他人的判斷，焦慮也會影響我們對他人的態度，但它的影響方式卻很奇特。焦慮的心情不僅不會讓我們對陌生人有消極的看法，反而會讓我們對陌生人感到更親近。20世紀70年代的一個著名實驗就得出了這個結論。實驗如下：幾名男子在穿過一座很高、很危險的吊橋時被一位年輕女性攔住了，她想邀請他們做一個調查。隨後，這位女士發給他們一張寫有自己電話號碼的卡片，並且說如果他們願意的話可以進一步向她詢問。當天晚些時候，她又在一座更低、更安全的橋上重複了上述實驗。接下來的幾天，在危險的吊橋上遇到的那些人打來的電話更多。焦慮似乎使他們更友好，甚至會對彼此產生好感。

焦慮的這種聯結作用也許能在一定程度上解釋被綁架的人質會深切地關心綁架者這一奇怪現象。雖然人質與綁架者在短時間內的近距離相處可能是原因之一，但更有可能的是人質腦海中揮之不去的焦慮感強化了這種關心。1914年的聖誕節，英國和德國士兵離開戰壕在一起踢足球。這個廣為人知的故事雖然有可能是杜撰的，但是它也說明了焦慮的聯結作用。焦慮和好感並存似乎與常識不符，但也有一定道理，因為它能幫助我們的祖先在面臨危險時聯合起來，這樣會更安全。

　　心情除了影響我們對他人的判斷，也會影響我們對蹩腳論據的接受程度。這種影響不僅與個體聽到該論據時的心情有關，也涉及他有多少時間來思考這個論據。當人們心情平靜或者有充足的時間來思考時，蹩腳論據就不具備說服力，但當人們心情好並且沒時間思考時，人們就很容易被站不住腳的論據所影響（而較少受到堅實論據的影響）。這表明在心情好且時間緊的情況下，人們似乎不得不走捷徑，通過背景線索——如論證者的地位——來判斷是非，忽視了邏輯分析。

　　為了檢驗這一觀點，黛安娜‧麥凱(Diane Mackie)和莉拉‧沃斯(Leila Worth)對美國學生進行了小測試，看他們是否贊成加強對槍支的控制。實驗者給一半學生看了五分鐘的喜劇，喚起了他們積極的情感。其餘學生觀看了一段關於酒的中性節目片斷。隨後，實驗

者向兩組學生出示了有關槍支控制的觀點，但他們出示的觀點和兩組學生所持的觀點剛好相反。贊成加強槍支控制的人看到的是反對的觀點，而反對槍支控制的人看到的是贊成的觀點。在這個實驗中，有一半學生讀到的是站不住腳的論據，而另一半讀到的則是有理有據的邏輯推論。一些學生被告知這些觀點來自一位專家，其他人則被告知這些觀點來自一位一年級學生。另外，有些學生只有很少時間來讀，而其他學生則有足夠的時間。在學生看完這些論據後，實驗者再次對他們進行了測試，以觀察他們對槍支控制的觀點是否有所改變。

實驗表明，堅實的論據比蹩腳的論據更具影響力。但是，對於那些心情好且時間緊張的人，這一差異非常小。他們認為二者在說服力上相差不大，而其他組則認為蹩腳論據的說服力遠遠不夠。進一步考察發現，心情好且時間緊的一組更看重論證者的地位。無論心情好壞，那些可以自己掌握時間的人都認為蹩腳論據的說服力更小，這似乎表明時間是關鍵因素而不是心情。然而，當麥凱和沃斯比較時間充裕的兩組人實際用掉的時間時，他們發現心情好的人比心情壞的人花了更長的時間。他們由此得出結論：好心情使人更易被蹩腳論據所動搖，但是多數人似乎在某種程度上認識到了這一點，因此，當思辨的力量由於快樂而有所減弱時，他們會主動用時間來進行彌補(見圖16)。

麥凱和沃斯的研究表明：對於複雜的問題，我們可以通過兩種方式來判斷。一種方式慢而準確，另一種方式快而粗糙。前者主要依賴邏輯，後者主要依賴情感。因此，理智與情感可以看作是人腦的兩個互補系統，共同幫助我們作出決策。當準確度是關鍵、並且時間和信息充足時，我們就可以用慢而準確的方式來思考問題。當時間和信息不充足、或者準確度不是關鍵問題時，我們可以轉而採用跟隨感覺這一快捷的方式。

然而，我們有時也會使用錯誤的系統。我們可能會高估自己所擁有的時間和信息，或者過於重視決策的正確性，結果對一些本應跟隨感覺的事情進行了理性分析。神經科學家安托尼奧‧達馬索（Antonio Damasio）就講述了一個他的病人的故事。由於腦損傷，這位病人會不由自主地過度運用理性思維。在一次檢查後，達馬索向他確認下次見面的時間。達馬索提出了兩個相隔不遠的日子，於是這位病人拿出了日曆，開始列出在這兩天見面的優缺點。他幾乎花了半個小時權衡了這兩天可能出現的天氣狀況、需要取消的其他約會，以及其他許多相關因素。達馬索耐心地聽着，最後小聲建議這位病人選擇第二個日期。「好吧，」病人微笑着說，把日曆合上，好像甚麼怪事也沒有發生過。

這則故事表明，當決定並非至關重要時，我們最好節約時間，運用快而不精確的感性思維，而不是慢

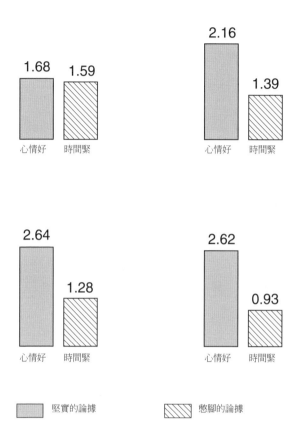

圖16 黛安娜·麥凱和莉拉·沃斯的實驗結果圖。心情好且時間緊的人認為蹩腳的論據幾乎與堅實的論據一樣具有說服力。其他組的人認為蹩腳的論據說服力很小。柱的高度和數字大小代表了他們對這兩種論據的說服力大小的看法(柱越高,數字越大,證明該組認為論據越有說服力)。

條斯理的理性思維。在某些情況下，作出正確的判斷非常重要，此時我們最好不要考慮時間問題。例如，當我們要判斷一個人是否犯有謀殺罪時，或者想要瞭解光在真空中的速度時，答案的準確性就至關重要，為此我們要準備好犧牲時間。在這些情況下，情感對決策的影響就是負面的，因此我們要設法消除這些影響。

人多真的力量大嗎？

很多人認為消除情感對決策影響的方式之一就是使決策過程機構化，使其從個人行為變成集體行為。這樣做是希望通過集體討論，個體的情感偏見能夠相互抵消，從而使理性成為判斷的唯一基礎。人多應該力量大，因為集體的感性成份應當較少。在科學界，同行評審過程可以消除爭論各方之間的敵對情感，通過理性的方式達成共識。如今，在多數國家的法律體系中，對重要案件的審判不能由法官一個人來進行，而是要由12個人組成的陪審團來進行。這樣做也是希望12個人的力量比一個人大，因為12個人的情感衝突會相互抵消，從而使純粹的理性成為最後的裁決者。

不幸的是，這種把決策過程機構化的想法可能太過樂觀了。首先，我們選擇根據情感作出決定並不只是因為時間緊。即使時間充足，我們在作出某些重大決定時還是應該把情感放在首位。結婚就是一個例

子。當達爾文決定是否結婚時，他在一張紙上列出了兩欄，一欄列舉了結婚的好處，另一欄列舉了單身的好處，然後看哪一欄的列舉項更多。這一方法似乎有效：達爾文與他的表妹埃瑪・韋奇伍德(Emma Wedgwood)結了婚，這從各方面來說都是一個很好的結合。然而，多數人可能認為這種決策方式過於理性，並不適用於心靈層面的事情。但是，達爾文也並非完全是理性的。在為每一項給權重時，他一定是聽從了自己的情感，因為某種偏好所起的作用是無法用科學的計算方法來衡量的。

判斷一個人是否值得信賴最好也基於感覺而不是推理。因不同原因的腦損傷而失去部分情感能力的人很容易被無恥之徒所欺騙。他們不得不完全依賴邏輯推理，這樣就使得他們會誤信他人，從而釀成大錯。而多數正常的人可以清楚地區分值得信賴的人和不值得依賴的人。他們可以通過直覺來很好地判斷一個人。扁桃形結構受損傷的人則缺乏這種能力。正如我們在第二章中談到的，這一區域是腦中與情感有關的重要區域，因此通過直覺判斷人的能力在很大程度上可能是由情感過程來掌控的。

因此，當談到情感會影響理性的決策時，我們不能把它看作一件壞事。基於情感因素作出決定是有益的，這些益處有時我們會意識不到。如果集體決策能讓科學發展得更快，如果陪審團比單個的法官更能體

現正義，其原因可能是集體比個人的情感成份更多，而不是更少。陪審團比一個法官能更公平地對被告作出審判的原因也許是十二顆心比一顆心的力量更大。

心理學家早就意識到社會群體能夠擴大情感的力量，但他們並不推崇這一點，而是對此持懷疑態度。在19世紀末期，法國心理學家格斯塔夫·勒邦(Gustave LeBon)描述了人們如何被群體的激情所左右，從而做出獨自一人時不可能做出的瘋狂舉動。根據近期心理學家的推斷，希特勒和墨索里尼等蠱惑人心者得到並保住權力的原因之一就是他們利用了原始的「群體思維」，這種思維會使個體理性的聲音被集體情感所淹沒。集體情感的力量很強大，但是，多數知識分子則懼怕這種未受過教育的群體，認為這種力量是危險的，並不具有解放性。卡爾·馬克思卻明顯不這麼認為。

不管這種力量是正面的還是負面的，還是具有兩面性，我們都需要解釋為甚麼社會群體能使情感得到放大。是不是因為我們生來就是服從者，內心裏豔羨權威的力量，就像法蘭克福學派的心理學家在二戰後所提出的假設那樣？這種情感的感染力有更深層的生理原因嗎？

有些進化心理學家提出，當我們的祖先無法自己解決問題時，群體的影響可以為他們提供有用的指導。如果不知該如何行動，最好的辦法是隨旁人而動。這樣，別人至少不會笑話你犯的錯誤，因為他們

也犯了同樣的錯。標新立異則是一個冒險的策略。當你成功時，別人會羨慕你。但是當你失敗時，你就會顯得很愚蠢。

同情和建議

為甚麼我們在一個緊密連接的社會群體裏易被「群體思維」所左右？不拘甚麼原因，似乎都來源於同情這一能力。同情是指感同身受。有人稱之為移情，「同情」一詞則留作一種語氣較弱的表達感同身受的方式，從而保持某種關鍵性的距離。不論使用甚麼術語，如果沒有這種感同身受的能力，社會群體對情感的放大功能就顯然不可能實現。

亞當・斯密將同情視為最高尚的美德之一，在其首本著作《道德情操論》開篇就討論了這一問題。他對「同情」和「移情」的深刻程度有着同樣的讚賞，為情感智慧成為當今潮流奠定了基礎。然而，同情也有負面影響。由於同情可以讓我們受到他人情感的影響，因此他人就可以通過激發情感來說服我們。有關情感對判斷影響的研究表明，與理性論證相比，喚起情感這種方式在改變思想方面更直接。

到公元前三世紀，古希臘人已經積累了大量運用情感進行說服的技術和理論。今天，廣告商用類似的方法來促使我們購買某種產品。他們可能會用幽默來

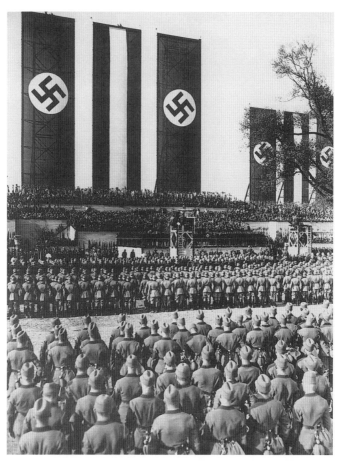

圖17　希特勒在1934年5月1日向200萬人發表演講。與許多蠱惑人心者一樣，希特勒知道集體情感會淹沒個體理性的聲音。

　情感

為我們製造好心情，希望這樣會使我們更容易被誘惑，否則他們的叫賣就沒有吸引力。廣告商還會使我們因為沒有買他們的產品而心存疑懼。薩奇(Saki)的一部短篇小說就描寫了這樣一種場景：某品牌賣相不佳的穀物早餐在做了一次投巧的廣告後銷量大增。廣告中顯示了這樣一幅畫面：一群衣冠楚楚的年輕魔鬼手捧透明碗，碗裏盛着該品牌的穀物，被罰入地獄的人由於吃不到而再次飽受折磨，情形十分悲慘。畫面下方用粗體字寫着一句觸目驚心的話：「他們現在想買也買不到了。」

潛意識廣告就是一種依靠情感力量來影響判斷的說服技巧。與許多人想像的相反，多數潛意識廣告不是在屏幕上閃出一句話：「快買下吧」或「投我一票」，使你來不及思考。潛意識廣告的很多形式都會高明一些。「潛意識」 指的是有些東西在進入你的頭腦中時你沒有注意到；它通過意識閾(threshold，其拉丁語形式為limen)下的秘密通道進入你的頭腦。這種情況經常發生，並不需要玄妙的技術。當走過廣告牌時，你通常不會停下來仔細看上面的東西，甚至都不會有意識地注意它。但是，就在不經意的情況下，你大腦中的某一部分也許已經對這一圖像進行了加工。大型的廣告不用擔心其廣告詞是否缺乏邏輯，它們可以通過感官轟炸來引起大眾對產品的熟悉感，從而使廣告發揮作用。

熟悉並不一定會招致輕蔑。相反，已知事物會帶來一種安全感。和未知事物相比，它帶來的威脅更小。哈姆雷特拒絕自殺並非因為害怕死亡，而是因為死之後可能會出現未知的痛苦。喜歡懷舊以及與老朋友相聚也是基於此種對已知事物的偏愛。與大多數情感現象一樣，這一先天的保守性也有其缺點。這種保守性再加上強烈的群體認同感會導致各種偏見 —— 從種族主義、仇外主義到種族優越感和宗教偏見。

對熟悉事物的普遍偏愛在心理學上稱為「多見效應」。這一概念是由羅伯特·扎伊翁茨(Robert Zajonc)提出的，他在20世紀70年代後期和80年代早期的研究使得情感重新成為認知科學的主流。扎伊翁茨在一系列獨創的實驗中證明了這種效應。為了表明對事物的偏好可以僅僅基於熟悉性 —— 基於多見 —— 他在屏幕上快速閃過一些圖形，使觀看者來不及去注意。隨後，當被試應要求辨別一組圖形時，他們無法辨認出剛才看到過的圖形。然而，如果問他們喜歡哪些，他們的選擇正是之前見到過的那些。

也就是說，在他們無意識的情況下，大腦的某一部分已經對那些形象進行了加工。

最有趣的是，如果你問這些被試為甚麼喜歡那些圖形，他們會給出形形色色的理由 —— 某個對稱的圖形很美，另外一個圖形像一張笑臉。但這些不可能是真正的原因，因為其他人對於完全不同的圖形也給了

類似的解釋。人們所喜愛的圖形只有一個共同點，那就是：它們都是曾經見過的圖形，儘管是在無意識的情況下見到的。

如果某些事物是潛意識注意到的，通過有意識的回憶就無法記起。然而，它們可以通過無意識的回憶表現出來，正如扎伊翁茨的多見效應實驗所表明的那樣。這種無意識的回憶形式往往會通過某種有意識的感覺表現出來。扎伊翁茨的實驗表明，如果潛意識記憶沒有被貼上某種情感的標籤 —— 即人們是在中立的狀態下注意到這些事件的 —— 那麼無意識的回憶系統就會將該回憶歸為積極的。由於該實驗的被試在注意到那些圖形時處於一種中立的情感狀態，這足以使潛意識的感知引起積極的反應。多見效應也適用於熟悉的音樂和食品等其他事物。可以說，人類是被習慣支配的動物。

如果潛意識記憶被貼上了負面情感的標籤，那麼情況就不同了。例如，在害怕時無意識地感知到的事情可能就會被貼上負面情感的標籤，儲存在無意識記憶中。以後，當我們遇到那件事時，我們就會產生一種莫名其妙的反感。直覺就會告訴我們避開那件事，連我們自己也不知道為甚麼（見下框）。這種情況會導致不好的結果 —— 如讓人喪失行為能力的恐懼症，但也會讓我們避免犯愚蠢的錯誤。

對表情的潛意識反應

在1998年，愛爾蘭神經科學家雷·多蘭(Ray Dolan)與同事約翰·莫里斯(John Morris)和阿尼·奧曼(Arne Öhman)發現，大腦可以在無意識和有意識的層次上對面部表情進行加工。在一個實驗中，他們給人們看了兩張表現憤怒面孔的幻燈片。在放一張片子時，他們播放了一陣令人心煩的「白噪音」，以此使人們對這一面孔的記憶被貼上負面標籤，而在展示另一張幻燈片時沒有播放任何的聲音。

接下來，一張幻燈片很快閃過，緊隨其後的是一張面無表情的臉。這稱為「後掩蔽效應」，因為人們對第二張幻燈片的感知會覆蓋第一張。當他們問被試看到了甚麼時，他們的回答是第二張幻燈片，而不是第一張。

儘管被試這樣回答，他們肯定還是在某種無意識的狀態下感知到了第一張幻燈片，因為在展示第一張幻燈片時，他們的腦部活動會根據那張幻燈片是否伴有噪音而有所不同。換句話說，他們對第一張片子的感知是潛意識的。右扁桃形結構是識別消極表情的主要腦區，這種識別是無意識的。這樣，扁桃形結構再次對無意識的情感加工起到了關鍵作用。當你對一個素未謀面的人有一種直覺反應時 —— 也就是當你「看到某人就討厭」時 —— 這也許是因為你的扁桃形結構在告訴你，這個陌生人酷似某個傷害過你的人，儘管你絲毫記不起這個宿敵是誰。

來源：J. S. 莫里斯，A.奧曼，R. J. 多蘭，「人類扁桃形結構中的有意識與無意識的情感學習」，《自然》，393/6684 (1998)，467–470。

有時自然會拿人來做實驗，而且這個實驗很殘酷。人類可能會因疾病或者事故而喪失有意識的記憶系統。手術失誤也會導致完全失憶。不論是甚麼原因，遺忘症患者的潛意識記憶通常完好無損，我們不需要透過有意識的記憶就能感受到它的存在。有這樣一個著名的病例：一位遺忘症患者無法回憶起她出事以來的任何事情。例如，她認不出自己的醫生，儘管每天都會看見他。一天，那位醫生進入她的房間時在手掌裏藏了一枚很尖的別針。在和她握手時輕輕地紮了她一下，於是她立刻將手抽了回來。第二天，她像平常一樣和這位醫生打招呼，彷彿是第一次見到他，但這一次她拒絕握醫生伸出的手。就像扎伊翁茨實驗中的被試一樣，這位女士無法解釋她為甚麼不願握醫生的手，但她就是不想握。由此可見，無意識記憶的表現就像某種情感一樣，即使在她的有意識記憶被破壞後也是如此。

　　看來，頭腦並非總是心靈的主人，但這也不是一件壞事。即使我們自認為非常理性，我們的決策還是會受到情感的影響。當然，心靈也不是完全處於控制地位。與休謨的名言相反，理性並不總是情感的奴隸。有時候我們要排除情感因素才能進行最嚴密的分析。然而，最理想的情況是既不完全理性也不完全感性，努力平衡兩者之間的微妙關係，這種能力就是我們所説的情商。

第五章
哭泣的電腦

　　科幻電影中反復出現的一個主題就是機器終將會有感情。在電影《2001太空漫遊》中，當哈爾——一台與「發現號」宇宙飛船的宇航員對抗的船載計算機最終電路斷裂時，它發出了痛苦和恐懼的聲音。在影片《2020》中，當一個類人機器人得知她的記憶不是真實的，而是由程序設計員輸入她的矽腦中時，她痛苦萬分。在電影《二百歲的人》中，羅賓·威廉姆斯(Robin Williams)扮演的機器人重新設計了自己的電路，使自己能夠體驗到人類的所有情感。

　　這些故事取得效果的原因之一就是情感通常被認為是人與機器的一個主要區別。我們今天所知道的機器肯定是這樣。我們從電腦那裏得到的都是像「系統錯誤1378」那樣的反饋，千篇一律，枯燥乏味。這與哈爾痛苦的叫喊聲相差甚遠。人們有時候會對電腦生氣，對它們大喊大叫，好像它們也有感情，但是電腦毫無反應。它們既沒有自己的情感，也無法識別你的情感。

　　科學幻想和科學事實之間的差距看似巨大，但是一些人工智能的研究者現在認為，跨過這一鴻溝只是

時間問題。在創造簡單的情感機器過程中，情感計算機這一新領域已經取得了日新月異的發展。然而，一些批評家認為機器永遠不會像人類一樣具有真正的感情。他們聲稱，優秀的程序最多只能讓電腦模擬人類情感，但也僅僅是逼真的模仿。到底誰對誰錯呢？要回答這個問題，我們就要知道情感到底是甚麼。

你也許會奇怪，為甚麼我們到了最後一章才給情感下定義。大多數入門書以定義開始，但我更願意將這個任務放在最後，這種做法危害性更小。定義在解決爭議時是有用的，但它很容易成為智力的束縛，使人們誤以為某個詞匯有着一成不變的含義，可以抵禦文化變革和科學進步的大潮。簡要討論一下情感「到底是甚麼」對於我們確定電腦何時可以被稱為有情感也許會有幫助，但是我們想出的(一些)定義不是一成不變的，而是隨時可以修改的。

我們可以用幾種方式來構建情感的定義。一種是以神經生物學為出發點，另一種從行為方式的角度來下定義，第三種則以功能為標準，根據情感在精神領域中的作用來下定義，最後一種把主觀感受作為情感的本質。最常見的定義方式就是最後一種，至少在公眾心目中是這樣。

這些定義都涉及一些廣為人知的情感的特點，但是當代多數研究情感的哲學家和心理學家都反對用單一標準來定義情感。現在的共識是，情感包括幾個相

圖18　哈爾，《2001太空漫遊》中的宇宙飛船上的計算機。

　情感

關的過程，將其中任何一個單列出來作為情感現象的「本質」都是毫無意義的。這條原則同樣適用於感覺和情感的其他方面。我們沒有理由認為感覺是情感必不可少的組成部分，就像我們不能認為面部表情或注意力的集中是情感的必要條件一樣。通常情況下，情感的所有因素結合起來才能形成情感事件。當缺少某個因素時，如某人有某種情感但是沒有相應的面部表情，我們不會倉促地否認某種情感的出現。同樣，僅僅因為電腦只缺少一種情感成份 —— 如有意識的感覺 —— 就斷定它沒有真正的情感也是愚蠢的。

在本章結束時我會回到情感的問題。但是，讓我們首先來看看情感的神經生物學、行為以及功能上的定義，以便瞭解電腦在這些方面能取得多大進展。從神經生物學的角度來定義情感是相對直截了當的。例如，既然我們知道基本情感在很大程度上是由大腦邊緣系統調節的，那麼我們可以進而將情感定義為邊緣系統的腦過程。根據這一定義，電腦永遠都不會有情感，因為它們沒有邊緣系統。高智商的外星人也不能說有情感，除非他們碰巧具有酷似人類的腦結構。然而，這種定義過於狹隘。僅僅因為外星人沒有我們從毛茸茸的祖先那裏繼承的一些奇形怪狀的神經結構就斷定他們沒有情感，這麼做似乎過於武斷，甚至有點唯我獨尊的味道，這就像歐洲殖民主義者根據美國土著人的膚色就否認他們擁有靈魂一樣。

情感就是情感之所為

另外一種不那麼偏狹的替代方式是以行為而不是某種腦結構來定義情感。根據這種觀點，情感的本質在於表現情感的行為，而不是調節這種行為的大腦通路。情感就是情感之所為。根據這一定義，如果電腦以情感化的方式行動，我們就可以說它是有情感的。現在的問題就轉化成了甚麼是情感行為，以及它與非情感行為的區別。

在人類和其他動物中，當觀察到某種面部表情和聲音——如微笑或咆哮時，或者看到某種生理變化——如頭髮倒立或者出汗時，我們就會稱其為情感行為。既然多數電腦還沒有臉和身體，它們就無法表現出這些行為。然而，近年來計算機科學家研發出一系列名為「活躍的臉」的程序，這些程序可以在電腦屏幕上顯示出類似於人臉的形象。經過巧妙處理，這些形象可以活靈活現地作出各種表情。還有人更進一步，設計出三維合成的頭部。羅德尼·布魯克斯 (Rodney Brooks) 和他麻省理工學院的同事們製造了一個名為「克斯梅特」(Kismet) 的機器人。這個機器人的眼瞼、眼睛、嘴都可以活動。「克斯梅特」的情感表達雖然有限，但足以讓和他交往的人產生共鳴。布魯克斯讓人類父母每天陪「克斯梅特」玩耍。當「克斯梅特」獨處時，它就會很傷心，但當它發覺有人時

就會笑，希望引起對方的注意。如果照顧它的人走得太快，它就會作出害怕的表情，表示出了問題。這讓陪「克斯梅特」玩的人不由自主地對這些簡單的情感行為產生共鳴。那麼，「克斯梅特」是否有情感呢？它當然表現出了某種情感行為，因此，如果用行為概念來定義情感，我們就必須承認「克斯梅特」是有情感的。雖然「克斯梅特」沒有表現出人類所有的情感行為，但是情感的有無並非那麼極端。大猩猩並沒有表現出人類的全部情感，但它們顯然具有某些情感。狗和貓的情感與人類的極為不同，但那些溺愛寵物的主人卻認為它們具有人類一切的情感，這樣做顯然犯了將動物人性化的錯誤。然而，如果我們認為這些動物沒有任何情感就走入了以人類為中心的另一個極端，錯誤同樣重大。

情感是一個由極簡到極繁的連續體。也許「克斯梅特」有限的情感使他處於該連續體極簡一端，但相對於目前安放在桌上的、根據大多數定義甚麼情感也沒有的電腦來說，這已是一個很大的進步了。

隨着情感計算技術的發展，我們可能會製造出越來越多具有複雜情感的電腦。「克斯梅特」現在還無法說話，但是布魯克斯計劃將來為它安裝一個語音系統，使它可以發出表達情感的視聽信號。今天的語音合成器音調單一，無法傳遞情感。今後，計算機科學

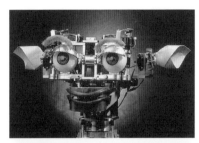

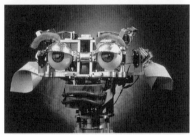

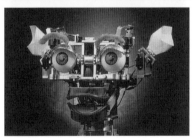

圖19 「克斯梅特」，麻省理工學院發明的機器人，它有着各種表情，包
　　　括幸福、悲傷和驚奇。

　　情感

家可以通過調整語速、聲調、音量等非語言因素來使電腦的發音聽起來更像人類。

這方面已經有了一些進展。珍妮特・卡恩(Janet Cahn)設計了一種可以用帶情感的聲調講話的程序。在一項實驗中，她往計算機中輸入了中性的句子，如「我在報紙上見到了你的名字」，然後讓計算機以悲傷的語調說出這一句子。當人類聽眾被問到這個聲音合成器在表達甚麼情感時，91%的人都猜對了。這個程序不善於表達其他情感，但人類若只通過語音信號來表達情感也並非次次都能傳達成功。

面部表情和語調不是情感行為的唯一形式。情感還可以通過行動表現出來。例如，當我們看到一隻動物突然停下、轉身跑開時，我們可以猜出它感到害怕，儘管我們看不到令它害怕的東西。如果要讓計算機表現出這種情感行為，它們就要能夠走動。用人工智能的術語來說，它們必須是「移動機器人」(mobots，即mobile robots)。

1999年的秋天，我參加了一個移動機器人展示會。會上展示了一些很簡單的移動機器人。比如有一個機器人只有一隻鞋大小，它的任務就是在地上走動時不撞到任何東西。它身上的傳感器能夠探測到牆和其他移動機器人等障礙物。這種機器人儘管簡單，但其行為類似於動物。當探測到障礙物時，這個移動機器人會停下來、轉身朝另一個方向走去。觀眾明顯能

夠看出這個移動機器人害怕被撞到。那個移動機器人真的在害怕嗎？還是包括我在內的觀眾犯了把機器人擬人化的錯誤？人們曾經對動物也持有同樣的疑問。例如，笛卡兒認為，動物並沒有人類的情感，因為它們只是沒有靈魂的複雜機器。當它們因為疼痛而尖叫時，它們只是在聽從內部機制的指令。既然我們知道人類的疼痛機制與其他動物並沒有甚麼不同，笛卡兒對有感情的人與「類似機器」的動物之間的區分就沒有意義了。同樣，在我們開始製造越來越像人類的機器時，機器所擁有的情感是「真」是「假」這個問題就沒有太大意義了。目前人們大都認為機器沒有情感，這主要是因為：即便是現在最先進的機器仍然還很初級。

有專家估計，到2050年，我們可以製造出像人類一樣有着複雜情感的機器。但這是一件好事嗎？製造有情感的機器意義何在？情感難道不會妨礙計算能力嗎？更糟的是，情感會不會使電腦與我們對抗，就像哈爾在電影《2001太空漫遊》中表現的那樣？

為甚麼要賦予計算機情感？

賦予計算機情感是非常有用的，這有很多原因。首先，與一個情感化的電腦互動要比和現在這些呆板的機器互動更容易、更愉快。想像一下：每次你坐下

來打開電腦時，它就會掃描你的面部表情，從而識別你的情感狀態。星期一的早晨，當你開始工作時，你的電腦發現你心情不好。這時，這個有情感識別能力的桌上電腦不會像今天的電腦那樣只是要你輸入密碼，它可能會給你講個笑話，或者建議你先讀一封令人愉快的電子郵件。也許根據以前的經驗，它知道你討厭這樣的方式，此時，它就會不理你，直到你平靜下來或者喝完一杯咖啡。和現在這些呆板的電腦相比，用這種情感智能電腦工作要更有效率。

上述情節並不只是幻想。計算機已經能夠識別一些情感了。伊凡‧埃沙(Ifran Essa)和亞歷克斯‧彭特蘭(Alex Pentland)兩位美國計算機科學家設計了一種程序，可以使計算機識別六種基本情感的面部表情。當志願者作出某種表情時，電腦識別的準確率達98%，比人類識別的準確率還要高。如果電腦識別情感的能力已經超過了我們，它們肯定不久就能夠獲得表達情感這一更高級的能力，甚至還能夠感受到這些情感。也許在今後，計算機反而會認為人類是沒有情感的。

除了為桌上電腦提供情感智能型界面外，情感電腦還有甚麼其他用途？波士頓麻省理工學院媒體實驗室的計算機科學家羅莎琳德‧皮卡德(Rosalind Picard)列舉了如下用途：

- 人工面試官，通過對應聘者的肢體語言給予反饋來訓練應聘者；
- 情感語音合成器，使有語言障礙者能夠開口說話，而且能真正有感情地說話；
- 失敗監視器，使生產者對產品的便捷程度進行評估；
- 穿戴式電腦（「智能服裝」），對情感狀態給予反饋，使人們知道何時需要休息，以便緩解壓力。

所有這些用途都和賦予電腦識別人類情感並給予反饋的能力有關。但是如果賦予電腦感受自己情感的能力呢？這種能力又有甚麼用途呢？

我在第二章中談到自然永遠不會進化出斯波克時，已經為這個問題提供了部分答案。一個沒有情感的生物在這個危機四伏、瞬息萬變的世界中是無法生存的。情感不是奢侈品，更無礙於明智的舉動。情感對於任何高級動物來說都是必不可少的。

這一點也適用於移動機器人。機器人一旦離開實驗室的安全環境，它就會遇到活動的物體或深坑等危險。如果這個機器人是由人遙控的，人可以指揮機器人繞開障礙。但是讓機器人總是依賴於人的指揮並不是我們所希望的，也不總是可能的。當宇宙飛船「深空一」號在1999年7月飛過小行星布拉耶時，由於離地

球太遠，地面控制無法指揮它的所有行動。無線電波從地球傳到宇宙飛船上需要很長時間，因此它必須立即作出決定，用機上的自動導航(auto-nav)軟件來自己設計路徑，甚至要決定拍照的時機。

美國宇航局需要更多這樣的「無線」技術，因為這樣可以使昂貴且不堪重負的深空網得以從事更有價值的工作，而不只是對航天器進行日常監控。這種技術還可以使無人駕駛的飛行器能夠實時應對突發事件，而不是等待地面指令。由於多數像「深空一」號這樣的航天器的飛行速度為5萬公里/小時，因此，節約時間就尤為重要。

自動導航軟件剛剛起步。智能機器可以自己作決定、應對突發事件，它除了應用於空間飛行器之外，還可用於許多其他領域，例如炸彈拆除、顯微外科手術、搜救行動，以及間諜活動。在這些情況下，一個無法探測危險並作出反應 —— 即沒有恐懼感 —— 的機器人是不可能長時間生存的。一個機器人可能同時有幾個相互衝突的目標，如避開障礙物、加油、照相、盡快返回地球，這就需要有內部目標管理系統。目標衝突的問題被計算機科學家稱為「機器人的困境」。早在1967年，赫伯特·西蒙(Herbert Simon) —— 人工智能的先驅之一 —— 就提出，要解決這個難題，就需要使機器人具有情感。

西蒙的論證簡單而巧妙。任何一個動作主體在同

圖20　穿戴式電腦現在還很笨拙，但是每年都越變越輕巧。很快這種「智能服裝」就能夠監控我們的情感狀態。

一時間內能做的事情都是有限的，不管它是動物還是機器人。因此，如果該主體有一個以上的目標，為了使每項活動都能達到目標，它就必須合理安排時間。然而，除非環境極為穩定和良好，否則該主體必須保持警惕，根據外部變化迅速改變行動。假設一個機器人有下面兩項任務：第一，從一個小行星上採集岩石樣本並當場分析；第二，將這些樣本安全帶回地球。設想一下：當這個機器人正興高采烈地坐在小行星上對剛收集到的石塊進行化學檢測時，一塊碎石朝它飛馳而來。除非這個機器人具有某種「中斷機制」，否則即使它可以成功完成第一個目標，第二個目標也只能以失敗而告終。

西蒙認為，情感就是這種中斷機制，並以此來定義情感。換句話說，當我們在自己和其他動物身上觀察到這種中斷機制時，我們把它命名為了「情感」。這一定義不是神經生理學或行為上的，而是功能上的。功能定義和行為定義都是根據可觀察的行為來定義心理過程，但是與完全的行為主義者不同，功能主義者認為發生這些行為並非產生這一心理過程的必要條件。其他心理過程也可導致這種行為的出現。根據西蒙的功能定義，情感是一種導致中斷行為的心理過程，它使主體對突發的環境改變作出快速反應。

這一定義中的關鍵詞是快速。很多心理過程都可以使其他過程中斷，但並不是所有的心理過程都能對

突發的環境改變作出快速反應。許多小變化都可能導致某種心情的逐漸積累，直到它強大到能夠打斷我們的思維。西蒙將情感定義為迅速反應的中斷機制可能過於狹隘了。他的定義適用於突如其來的基本情感，但是對於愛和嫉妒等高級認知情感就不太適用了，這些情感通常出現得較慢——至少長於幾秒鐘。與許多恰當的定義一樣，西蒙的這一定義雖然突出了一個重要特點，但並不全面。

如果機器自己進化出情感怎麼辦？

目前為止，我們所討論的情感機器的潛在用途都是非常實用的。這沒有問題，但我認為未來大多數情感機器並非用於任何實用的目的，而是純粹用於娛樂。如果你想展望一下情感計算技術的未來，不要去想宇宙飛船和智能服裝——想一想玩具和視頻遊戲。

目前，許多視頻遊戲已經開始使用一些簡單的學習玩家操作的算法來控制計算機控制的角色，如怪物和惡人。例如，在遊戲《盜墓者羅拉》中，勞拉‧克羅夫特(Lara Croft)的敵人只需要讓你打幾槍就可以知道你的射擊風格。如果你在暗中伺機襲擊恐龍，它可能會呆在陰影裏，引誘你出來打一槍，這樣它就可以輕而易舉地襲擊你。雖然這些只是相對簡單的程序，但是隨着我們對更高級的遊戲的需求在不斷增加，軟

件也在不斷升級。第一批真正的情感電腦很可能是遊戲機控制台，而不是空間飛行器。

其他具有初級情感的娛樂軟件也可以用於電腦裏的虛擬寵物。許多孩子現在把狗和貓作為屏幕寵物，近期還出現了虛擬嬰兒。一個名為「模擬人生」的程序可以讓你自己創造人物，但這些人很快就會有自己的生活，讓人驚歎不已。「模擬人生」中的人物有種種酷似人類的情感行為。他們會生氣、會抑鬱、甚至會相愛。

這些生物都是虛擬的 —— 它們生活在電腦中，唯一的「身體」就是屏幕上的畫面。然而，第一個有着實實在在的身體的電腦生物已經進入了玩具市場，它們也有一些最初級的情感。首先上市的是名叫「福比」的小毛絨機器人，它困的時候會睡覺，如果長時間被冷落還會發出抗議的哭聲。現在還有機器狗和機器貓，它們可以在你的起居室裏跑來跑去而不會弄得一團糟。

就像對「克斯梅特」一樣，人們對這些人工生物也有着自然的同情反應。人們並不會滿腹疑問，懷疑這些情感是「真」是「假」。人們只是願意和它們玩耍，就像對一個真正的寵物或嬰兒一樣。一種有矽腦和橡膠臉的娃娃甚至會在饑餓時皺起臉，露出悲傷的表情。

科學幻想和科學事實之間的鴻溝正在縮小。今天

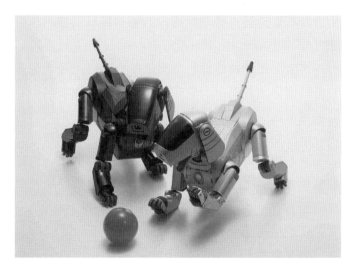

圖21　情感計算技術未來會應用於娛樂產業嗎？由索尼公司製造的愛寶
　　　機器狗（人工智能娛樂機器人）有6種情感：快樂、悲傷、憤怒、驚
　　　奇、害怕和厭惡。它的情感狀態會根據外部刺激而變化，並對行為
　　　產生影響。

的計算機和機器人雖然遠遠沒有哈爾那樣高級，但它們已經有了很大進步。事實上，由於技術的飛速發展，有人已經開始擔心：如果電腦和機器人進化出人類的情感該怎麼辦。它們會像哈爾那樣與它們的製造者反目成仇嗎？在影片《未來戰士》中，一個叫「天網」的巨型電腦具有自我意識，為了阻止人類將其關閉，它企圖進入軍隊的指揮系統併發射核導彈。情感計算技術會不會最終導致人機大戰？如果會的話，誰將是贏家呢？也許未來機器人將不再是我們的玩具——我們可能會成為它們的玩具。

給電腦編程也許可以使它們服從於我們，從而避免這一悲劇。例如，我們可以通過編程使它們服從「機器人三法則」，就像艾薩克·阿西莫夫(Isaac Asimov)在他的短篇小說《二百歲的人》中所提議的那樣，同名電影就是受到了該小說的啟發(見下框)。

然而，許多情感的一個重要特點就是它們是不可預測的。一個真正的情感機器人可能會不遵守或是重新解釋這些法則。另外，人們近來越來越尊重動物權利，部分原因是人們認識到：非人類動物與人類一樣能感受到痛苦和情感，由此可以預見，未來人們會越來越注重機器人權利的保護。正如有些人準備用暴力手段來保護動物權利一樣，有些人可能會和受壓迫的機器人聯合起來，幫助它們從被奴役的狀態中解放出來。

機器人三法則

1. 機器人不能傷害人類，不能通過不作為來使人類受到傷害。
2. 機器人必須遵守人類的命令，除非命令與第一項法則相衝突。
3. 機器人必須自我保護，除非這種保護與第一或第二項法則相衝突。

來源：艾薩克·阿西莫夫，《二百歲的人》

許多人可能認為，電腦是可以預測的，因為它們只是按照程序工作。這使人們無法相信電腦有一天也會有情感。即使我們能設計出高超的軟件，使電腦可以模仿情感行為，那也不是真正的情感，因為它們只是按照指令去做。電腦不會像真正的情感動物那樣不可預測。

但如果計算機程序能夠自我進化，這些人又會怎麼說呢？這樣的機器可能會擁有真正的情感，而不是由人來設計。計算機科學一個較新的分支——人工生命——就在嘗試開發這種自我進化的軟件。研究人工生命的計算機科學家並不是自己寫程序，而是創制隨機指令序列，讓這些微型程序(稱為進化算法)在電腦硬盤上競爭空間。當前任務完成得較好的程序可以進行自我複製，從而佔據更多的存儲空間，而任務完成

得不好的程序就會被刪除。由於複製過程被故意設計成了有缺陷的，因此複製時偶爾會出現錯誤。這就使變異程序得以出現，有些程序比它們的母本更好地完成了任務，於是成為了硬盤的主宰者。如果這一過程經過多代反復，有益的變異品種就能得以積累，形成人類用常規方法無法設計出的超強程序。

你可能注意到，人工生命與自然選擇的進化非常相像。事實上，它就是自然選擇的進化。它具備自然選擇所有的因素：遺傳(自我複製)、變異(複製品並不完美)、差異複製(一些程序比其他程序有更多的複製品)。這些自我進化程序的術語——「進化算法」——清楚地表明它與DNA進化的相似性。雖然這一過程中的主角是硬盤上的編碼序列而不是染色體上的核苷酸序列，但這並不能否認人工生命可以進化。因為電腦沒有腦器官就否認它具有情感是一種狹隘的看法，同樣，僅僅因為電腦沒有DNA就認為它不能進化也是一種偏狹的觀點。不管是情感、進化，還是生命本身，所有這些生理過程的本質並不在於它們的物質構成，而在於這些物質是如何表現的。只要程序可以自我複製——有些程序可能並不完美，只要複製品的數量取決於該程序本身的某個特點，這個程序就完全可以說是通過自然選擇而進化的。

人工生命中最著名的實驗之一是一個名為Tierra(西班牙語，意為地球)的虛擬世界的創建。Tierra由計

算機科學家托馬斯·雷(Thomas Ray)設計,最初這一虛擬世界裏只有一些單一程序的複製品。正如剛才所描述的,這一程序可以自我複製,它是一種「進化算法」。但是這些複製品並不都是完美的,因此,隨着時間的推移,Tierra中的數字生命越來越多樣化。當雷在觀察他的虛擬生物圈的進化時,他發現了從未見過的生命形式,其中包括虛擬病毒和形成了人工免疫系統以保衛自己的虛擬宿主,他萬分激動。這些人工生命形式還沒有獲得情感,但是不難看出,如果時間充足,它們會進化出這些能力。由於設計過程中的隨機因素,這種人工情感將會很難預測。

有人認為機器不會有情感,他們的理由是真正的情感是不可預測的,而人工生命技術可能會改變這些人的觀點。當然,這一技術可能還無法和否定情感機器的最極端頑固的觀點對抗。這一觀點認為電腦永遠不會有真正的情感,因為它們不可能有意識。雖然電腦可能會表現出情感行為,但它們永遠不會有主觀感覺,這種感覺構成了情感的本質。

正如前面提到的,許多人認為感覺是情感的根本,但多數當代研究情感的科學家和哲學家不贊成這一觀點。根據現代科學的觀點,就像不能僅僅因為癱瘓病人不能表現出相關面部表情就否認他有情感一樣,我們也不能僅僅因為電腦沒有意識情感就否認它有情感。

另外，聲稱電腦永遠不會有意識只不過是一種直覺。有人提出一些似是而非的論據來支持這一觀點，但是這些思維實驗(包括中文屋和怪人)比它們所反對的觀點更加離譜(見下框)。事實上，在21世紀初，沒有人真正瞭解甚麼是真正的意識。由於對意識沒有很好的定義，對怎樣研究也缺乏共識，因此對所有認為不可能有意識機器從而否認情感計算技術的觀點我們一定要有所保留。

在為數不多的幾個較貼切的意識定義中，有一個已經在一定程度上得到了認可。這種定義認為，主觀情感主要取決於身體類型。這可能意味着Tierra中的數字生物永遠不會有意識，因為它們是虛擬的，只是計算機硬盤上的編碼序列。然而，在最近，計算機科學家開始將人工生命的技術擴展到真正有實體的電腦上。這一新興學科稱為進化機器學。與人工生命一樣，它的原理也是讓控制機器人的程序自己進化，而不是由人類來設計。如果Tierra中的生物不可能有意識，這種被賦予形體的程序也許就會有意識。

如果情感對於任何半智能生物的生存都很關鍵的話 —— 如我在第二章中提出的觀點 —— 我們會看到這些複雜的機器人像高等生物那樣自己進化出情感。如果讓機器人自行發展，它們可能會進化出與人類非常不同的情感。生命存續所需的情感在很大程度上取決於生物的生活方式和生存環境。如果這一生物的存在

圖22　是人類與機器人的戀愛？還是兩個機器人之間的戀愛？在影片
《2020》的這個鏡頭中，德卡德（哈里森‧福特扮演）親吻了雷切爾
（肖恩‧揚扮演）。雷切爾是一個機器人，德卡德可能也是。

計算機未來會有意識嗎？

一些人工智能的研究者認為，在今後的100年內，計算機將會有意識。有些哲學家認為這是荒謬的。他們認為機器永遠不會有意識。為了支持這一觀點，他們設計了一些奇怪的思維實驗。

在一篇現已成為經典的關於思維的哲學論文中，約翰·塞爾（John Searle）提出了「中文屋」這一概念。一個男人坐在一個房間裏，人們給了他一系列中文字符並告訴他一些規則，使他知道該如何對這些中文字符作出反應，他都照做了。房間外面的人以為這個人懂中文，但我們知道他不懂。他只是按照規則做。塞爾認為計算機也是這樣，它們只能遵守規則，永遠不會「知道」任何事情。因此，塞爾認為計算機永遠都不會有意識。

另外一位哲學家——大衛·查默斯（David Chalmers）認為，意識不是僅通過行為就可以表現出來的。他讓我們想像一個怪人，它外表酷似人類，唯獨沒有意識。如果這種生物存在的話，那麼電腦就不可能有意識，不論它看起來多麼像有意識的生物。

這些思維實驗的問題套用一句話來說就是：想法太多，實驗不足。我們不應該根據一些荒唐的故事來斷定計算機是否會有意識，因為這些故事中的事我們瞭解得更少——比如中文屋和怪人，進行更多實驗可能會對我們更有幫助。總而言之，真正使我們知道機器是否會有意識的唯一方法就是嘗試製造一個有意識的機器。

基本上是靜態的，它就不需要社會情感，如內疚和嫉妒。如果沒有捕獵者的追捕，它可能就不需要害怕這一情感。鑒於機器人與人類在生活方式和生存環境上的差異，它們可能會進化出截然不同的情感。

即使機器人的情感在表面上與人類情感相同，機器人對它們的感覺也可能大相徑庭。如果意識和身體構成之間確實有緊密的聯繫，對於情感的主觀感受就可能取決於生理細節。那麼我們幾乎可以肯定，有着塑料或金屬軀體的情感機器人和有着血肉之軀、七情六欲的人類一定有着極為不同的內在感覺。由於同情就是感同身受，因此機器人和人類不同的生理狀態可能很難讓我們同情他們，即使它們表現出的行為與人類極其相似。更危險的是，也許機器人同樣很難同情我們。未來人機大戰的噩夢似乎正在向我們逼近。

也許我們對於未來人機爭霸的恐懼是一個錯誤。進化出情感的複雜機器人可能會成為我們的朋友而不是敵人。

《二百歲的人》和《2020》表現的都是人類與機器人的彼此相愛。

在日本，這種機器人的友善形象比在西方更普遍。在不遠的將來，幾乎註定要出現的情感機器可能還會成為我們的救星，通過教育我們學習它們更細膩的感受力來使我們不再對它們抱有敵意。

後記
心自有其道理

　　帕斯卡(Blaise Pascal)曾寫道：「心自有其道理，非理智所能知曉。」當人們提起認知和情感時，或者是(更加傳統的說法)理智與情感時，人們通常所指的是兩種完全不同的心理官能。一種冷靜而鎮定，通過清晰的邏輯推理一步步得出結論。另一種熾熱而多彩，通過直覺得出結論。然而，心靈不受理性的制約並不意味着它沒有道理。相反，正如我想向大家展示的，一切受情感驅動的行為都是有理由的，無論是逃離危險、追求愛人，還是集中精力、影響判斷，這些行為的背後都有充分的理由。理智中有情感，情感中也有理智。

　　拿多見效應來說。正如我們在第四章中談到的，我們之所以偏愛已知事物是因為我們對它比較瞭解。人是按習慣行事的動物，「已知的魔鬼比未知的好」已成為了一句箴言。這種行為看似愚蠢，但事實上會對我們有利。最近，由德國心理學家格德·基根澤(Gerd Gigerenzer)、丹·古德斯坦(Dan Goldstein)及柏林適應行為和認知中心的其他同事共同進行的一項研

究表明，當人們面臨多個選擇時，那些選擇已知事物的人往往比深思熟慮後再作決定的人表現得更好。甚至在知識測驗中，依賴這一「再認啟發策略」的人也常常會取得更好的成績。例如，當基根澤和古德斯坦讓幾個美國人判斷哪兩個德國城市更大時，一些人選擇了他們知道的城市，另一些人則試圖根據自己的顯性知識來判斷，結果前者的得分更高。

　　情感和心情影響判斷的另一種方式是眾所周知的好心情和過度自信之間的關係。心情好的人常常會高估自己成功的幾率，而心情不好的人對自己的預測則較為準確(這一現象被稱為「抑鬱現實主義」)。你可能會認為，既然其他方面都相同，而準確預測又優於不準確預測，那麼不好的心情應該對人更有利。問題是，其他方面並不一樣。如果你成功的幾率很低，而且心情也不好，那麼你的準確預測只能使你根本不敢去嘗試。然而，如果心情好，你可能會高估成功的希望，從而有勇氣去嘗試，結果你可能就成為了一名幸運兒。如果你的努力不太可能白費，成功帶來的回報又很高，那麼過度樂觀就是有益的。任何使期望值與成功的客觀幾率齊平的做法都會降低成功的可能性。而且，即使過度自信並未增加成功的幾率，它也會使你變得更善於社交，並從中獲益，如更具人際吸引力或者更值得信賴。

　　上述例子看起來有些矛盾。一方面，心情好會讓

人們對成功的期望超出了客觀現實，使人們理性的成份變少。而在另一方面，與面對現實相比，過度自信可能是一種更理性的做法，因為有些獎勵只屬勇敢的人。情感有時似乎表現出一種超理性，使純粹理性不至於作繭自縛。

情感也並非總是有益的。若是如此，那根本就不會有對於情感的消極觀點，更不用說這種觀點的影響力了。許多西方思想家都曾批判過情感，這說明感性戰勝理性並非總是好事。有時，情感對理性思維甚至會產生負面影響。例如：由於多見效應的影響，我們可能會花錢去買熟悉的品牌，而不是那些不太知名的商家生產的物美價廉的商品。心情也會影響到我們的判斷。騙人高手的偽善會使我們心情愉悅，從而蒙蔽了我們的雙眼，使我們看不出他話語的破綻。諸如此類的事還有很多。

本書為情感的積極觀點作了辯護，但這並不意味着情感不會對理性思維產生不利影響。情感的積極觀點只是宣稱情感對理性思維的有利影響要多於不利影響。總體說來，缺乏情感的生物不僅沒有我們智慧，也沒有我們理性。

這說明我們對理性的看法應該區別於邏輯學家和經濟學家。經濟學家對理性的定義過於技術化，他們將理性定義為預期價值的最大化。也就是說，理智者的行動通常是為了最大限度地滿足自己的偏好。這樣

定義雖然並無不可，但是它沒有說明這些偏好來自哪裏，也沒有說明具有某些偏好的人是否會更理性。嚴格地說，後一個問題對於經濟學家的確毫無意義，因為他們對理性的定義是滿足這些偏好。在經濟學中可能有非理性的消費者和非理性的購買（即偏好不「一致」的結果），但是沒有非理性的偏好（也沒有理性的偏好，偏好就是偏好）。

我完全不贊同經濟學家的這種觀點。我們完全有理由知道某種偏好是否理性。例如，想要受幾個朋友的歡迎是可以理解的，而想要讓世界上所有人都喜歡你就沒有道理了。如果經濟學家認為這樣的觀點很荒唐，那是因為他們與世界上其他的人不合拍，而不是其他人和他們不合拍。心靈也是有理性的，但這種理性不是手段—目的這種思維模式的理性。情感關乎的問題不僅是如何達到既定目標，而且最重要的是要追求甚麼目標。如果我們要給這種廣義的理性概念起一個名字的話，我們可以仿效基根澤（Gigerenzer）稱其為「生態理性」，也可以稱其為「進化理性」，因為偏好在很大程度上受到生物遺傳的影響。如果心也有理性，這是因為情感是由自然選擇來設計的，就像其他心理官能一樣，它可以幫助我們在這個大千世界中盡可能地生存和繁衍下去。

推薦閱讀書目

There has been an avalanche of good books on emotion in recent years, so readers wishing to know more are spoilt for choice. Here I recommend some general introductions that cover the subject in more detail than I do in this book, and provide more specific ideas for further reading on the topics discussed in each chapter. Wherever possible, I have recommended books rather than journal articles, as books are easier for most people to get hold of. This section is for the general reader; I have provided information about more technical works for the academic reader in the section entitled 'Source Material'.

General Introductions to the Study of Emotion

For a more comprehensive and more academic, but nonetheless extremely readable, introduction to the study of emotion, you could not do better than to read Keith Oatley and Jennifer M. Jenkins, *Understanding Emotions* (Oxford: Blackwell, 1996). For a more philosophical approach, try Paul Griffiths, *What Emotions Really Are: The Problem of Psychological Categories* (Chicago: University of Chicago Press, 1997), Aaron Ben-Ze'ev, *The Subtlety of Emotions* (Cambridge, Mass: MIT Press, 2000), and Peter Goldie, *The Emotions: A Philosophical Exploration* (Oxford: Oxford University Press, 2000). Two very accessible accounts of the neuro-science of emotion are Joseph LeDoux, *The Emotional Brain* (London: Weidenfeld & Nicolson, 1998), and Antonio Damasio, *Descartes' Error: Emotion, Reason and the Human Brain* (New York: Putnam, 1994; London: Macmillan, 1995). For a view from cognitive science and AI, my next book, *Rethinking Emotion*, takes some of the arguments in this book a little further (Cambridge, Mass.: MIT Press, forthcoming). Finally, I warmly recommend Adam Smith, *The Theory of Moral Sentiments*; a cheap paperback edition is published by the Liberty Fund

(Indianapolis, 1984). Originally published in 1759, Smith's first book still remains a wonderfully acute study of emotion. It also makes clear that Smith did not believe humans to be essentially selfish creatures, as some have surmised on reading his other book, An Inquiry into the Nature and Causes of the Wealth of Nations (1776).

Emotions and Cultural Variation

For a defence of the cultural theory of emotion, see Rom Harré (ed.), *The Social Construction of Emotion* (Oxford: Blackwell, 1986). The essay by Heelas in this volume is a good source of information about culturally specific emotions; Heelas takes the reader on what he calls a 'Cook's tour' of emotions in different cultures.

C. S. Lewis proposes his crazy thesis that romantic love was invented by medieval European poets in *The Allegory of Love: A Study in Medieval Tradition* (Oxford: Oxford University Press, 1936). A wonderful account of love in the stone age is provided by Geoffrey Miller in chapter 6 of his book *The Mating Mind* (London: Heinemann, 2000).

Emotions and Evolution

An excellent new edition of Darwin's 1872 work on *The Expression of Emotions in Man and Animals*, with notes by Paul Ekman, has recently been published by Weidenfeld & Nicolson (1998). A summary of more recent evolutionary accounts of emotion is provided by Randolph Nesse in 'Evolutionary Explanations of Emotions', *Human Nature*, 1 (1990), 261–89.

Robert Frank argues persuasively for his innovative theory of higher cognitive emotions in *Passions within Reason: The Strategic Role of the Emotions*, in which he also describes the experiment about estimating the trustworthiness of strangers (New York and London: Norton, 1988).

Daniel Goleman describes work on emotional intelligence in *Emotional Intelligence* (New York: Bantam Books, 1995).

Moods and happiness

The World Database of Happiness can be accessed online at http://www.eur.nl/fsw/research/happiness. Lewis Wolpert presents a good overall view of depression in *Malignant Sadness: The Anatomy of Depression* (London: Faber and Faber, 1999).

Effects of Emotion on Cognition

An excellent overview of the effects of emotion on cognitive processes is provided by Keith Oatley and Jennifer Jenkins in chapter 9 of their book *Understanding Emotions* (Oxford: Blackwell, 1996), on which I have drawn heavily in writing Chapter Four. For a historical perspective, see the book on rhetoric by Aristotle, Plato's *Gorgias*, and volume 6 of the Institutio Oratoria by Quintillian. The stoics had surprisingly modern things to say about this topic, as Richard Sorabji argues in *Emotion and Peace of Mind: From Stoic Agitation to Christian Temptation* (Oxford: Oxford University Press, 2000).

Most of the material referred to in Chapter Four takes the form of articles published in academic journals. For those without access to such journals, a good sourcebook covering many of the same issues is J. P. Forgas (ed.), *Emotion and Social Judgements* (Oxford: Pergamon, 1991).

Emotions and Computers

A comprehensive overview of theoretical and technical research in how to give computers emotions is provided by Rosalind Picard, *Affective Computing* (Cambridge, Mass., and London: MIT Press, 1997). For a more general introduction to artificial intelligence, see John Haugeland, *Artificial Intelligence: The Very Idea* (Cambridge, Mass., and London: MIT Press, 1985). Andy Clark, *Being There: Putting Brain, Body and World Together Again* (Cambridge, Mass., and London: MIT Press,

1997), provides an excellent overview of recent work in robotics from a philosophical perspective. The connection between consciousness, feelings, and physiology is explored by Nicholas Humphrey in *A History of the Mind* (New York: Copernicus, 1992).

Last but not least, I recommend Isaac Asimov's science-fiction story, 'The Bicentennial Man', which can be found in *The Bicentennial Man and Other Stories* (New York: Doubleday, 1976). In this story Asimov manages to explore many of the moral dilemmas of giving computers emotions more effectively than any non-fiction account.

參考書目

For students and academic readers, here are some of the original sources I have worked from.

Chapter 1

Paul Ekman outlines his theory of basic emotions and sets out the evidence in 'An Argument for Basic Emotions', *Cognition and Emotion*, 6 (1992), 169–200. The Gururumba emotion of 'being a wild pig' is discussed by P. L. Newman in ' "Wild Man" Behaviour in a New Guinea Highlands Community', *American Anthropologist*, 66 (1964), 1–19. The idea that such culturally specific emotions serve important social functions is due to the psychologist James Averill, who explains this view in detail in 'A Constructivist View of Emotion', a chapter in R. Plutchik and H. Kellerman (eds.), *Emotion: Theory, Research and Experience*, i, *Theories of Emotion* (New York: Academic Press, 1980). The tendency for ideas about the human mind to become self-fulfilling prophecies is discussed by Ian Hacking in his fascinating book, *Rewriting the Soul: Multiple Personality and the Sciences of Memory* (Princeton: Princeton University Press, 1995).

Chapter 2

The experimental work on fear learning in monkeys is reported by S. Mineka and M. Cook, 'Mechanisms Involved in the Observational Conditioning of Fear', *Journal of Experimental Psychology: General*, 122 (1993), 23–38. Haleh Samiei gives a good summary of evolutionary explanations of crying in 'Why we Weep', *Washington Post*, 12 January 2000, p. H06. William Frey argues that crying makes us feel better by getting rid of stress hormones in *Crying: The Mystery of Tears* (Minneapolis: Winston Press, 1985). Randolph Cornelius puts forward the opposing view, that it is the social support we receive after crying that makes us feel better, in *The Science of Emotion* (Upper Saddle River, NJ: Prentice Hall, 1995). The neuroanatomy of emotion in humans and other animals is clearly explained by Joseph LeDoux in *The Emotional Brain* (London: Weidenfeld & Nicolson, 1998). LeDoux is critical of Paul MacLean's concept of the limbic system, but it is still worth having a look at MacLean's classic treatise, *A Triune Concept of the Brain and Behaviour* (Toronto: University of Toronto Press, 1973).

An excellent summary of Robert Frank's theory is provided by Steven Pinker in chapter 6 of *How the Mind Works* (New York: Norton, 1997; Harmondsworth: Penguin: 1998). The parable of the protesters, and the quote from Douglas Yates, are both taken from this chapter. The concept of emotional intelligence was first put forward by Peter Salovey and John Mayer in 'Emotional Intelligence', *Imagination, Cognition and Personality*, 9 (1990), 185–211. For further information about psychopathy and the development of moral reasoning see James Blair, 'A Cognitive Developmental Approach to Morality: Investigating the Psychopath', in Simon Baron-Cohen (ed.), *The Maladapted Mind: Classic Readings in Evolutionary Psychopathology* (Hove: Psychology Press, 1997).

Chapter 3

A number of essays reviewing the latest research in the psychology of happiness are published in the January 2000 edition of *American Psychologist*. Two studies that throw doubt on Adam Smith's views on the perils of good fortune are H. Roy Kaplan, 'Lottery Winners: The Myth and Reality', *Journal of Gambling Behaviour*, 3 (1987), 168–78, and Mark Abrahamson, 'Sudden Wealth, Gratification and Attainment: Durkheim's Anomie of Affluence Reconsidered', *American Sociological Review*, 45 (1980), 49–57. A more anecdotal account of lottery jackpot winners that also goes along with the 'winning doesn't make you unhappy' theory is Hunter Davies, *Living on the Lottery* (London: Little, Brown, 1996).

Aaron Beck discusses cognitive therapy in *Cognitive Therapy and the Emotional Disorders* (New York: Meridian, 1976). Geoffrey Miller argues for the idea that jokes and stories please us because they provide information about the narrator's intelligence in chapter 10 of *The Mating Mind* (London: Heinemann, 2000). For a discussion of the hydraulic theory of emotion and the 'venting myth' of emotional expression, see Eileen Kennedy-Moore and Jeanne C. Watson, *Expressing Emotion: Myths, Realities and Therapeutic Strategies* (New York and London: Guildford Press, 1999). Sigmund Freud and Josef Breuer first presented their 'talking cure' in the still highly readable *Studies on Hysteria*, first published in 1895; a paperback version is published as volume 3 in The Pelican Freud Library (Harmondsworth: Penguin, 1974). Martha Nussbaum explores what Aristotle really meant by the term 'catharsis' in *The Fragility of Goodness: Luck and Ethics in Greek Tragedy and Philosophy* (Cambridge: Cambridge University Press, 1986). The idea that the theatre is ideal for catharsis because it allows us to experience emotions at 'a best aesthetic distance' is discussed by Thomas Scheff in *Catharsis in Healing, Ritual and Drama* (Berkeley and Los Angeles: University of California Press, 1979). The negative effects of debriefing are exposed by Jo Rick and Rob Briner in their paper 'Trauma Management vs. Stress Debriefing: What should Responsible Organisations do?', which can be downloaded from the web by visiting http:// www.employment-studies.co.uk and following the links to press releases and articles.

Nicholas Humphrey describes his experiments on the effects of colour in chapter 8 of *A History of the Mind* (New York: Copernicus, 1992); there is also some relevant information in chapter 6. The emotional effects of *Eine kleine Nachtmusik* are described by P. M. Niedenthal and M. B. Setterlund in 'Emotion Congruence in Perception', *Personality and Social Psychology Bulletin*, 20 (1994), 401–11. Aniruddh Patel and Evan Balaban present intriguing data about the neural response to melody in their article 'Temporal Patterns of Human Cortical Activity Reflect Tone Sequence Structure', *Nature*,

404 (2 Mar. 2000), 80–4. The neurochemistry of mood, and the effects of Prozac, are described by David Healy in his wonderfully informative book, *The Antidepressant Era* (Cambridge, Mass., and London: Harvard University Press, 1997). The venerable history of drug use for therapeutic, recreational, and ritual purposes is detailed in J. Goodman and P. Sherratt (eds.), *Consuming Habits: Drugs in History and Anthropology* (London: Routledge, 1995).

William James first put forward his novel theory of emotion in his classic 1884 essay, 'What is an Emotion?', which is reprinted in various anthologies, such as Magda Arnold (ed.), *The Nature of Emotion* (Harmondsworth: Penguin, 1968). Paul Ekman and Wallace Friesen describe their experiments on the emotional effects of adopting certain facial expressions in their paper 'Autonomic Nervous System Activity Distinguishes among Emotions', by Ekman, Levenson, et. al., in *Science*, 221 (1983), 1208–10.

Chapter 4

The original Stroop test is explained by J. R. Stroop himself in 'Studies of Interference in Serial Verbal Reactions', *Journal of Experimental Psychology*, 18 (1935), 643–62. The results of various experiments based on the emotional Stroop test are summarized by A. Matthews in 'Biases in Emotional Processing', *Psychologist*, 6 (1993), 493–9. The experiment on the effects of emotion on visual memory is reported by S. A. Christianson and E. Loftus in 'Remembering Emotional Events: The Fate of Detailed Information', *Cognition and Emotion*, 5 (1991), 81–108. Gordon Bower discusses a number of his own experiments on mood-congruent recall in 'Mood and Memory', *American Psychologist*, 36 (1981), 129–48. The experiment on the effects of mood on interviewer's judgements is reported by R. A. Baron in 'Interviewer's Mood and Reaction to Job Applicants', *Journal of Applied Social Psychology*, 17 (1987), 911–26.

The wonderful experiment about the bonding effects of anxiety is discussed by D. G. Dutton and A. P. Aron in 'Some Evidence for Heightened Sexual Attraction under Conditions of High Anxiety', *Journal of Personality and Social Psychology*, 30 (1974), 510–17. Diane Mackie and Leila Worth explain their experiments on the effects of mood on susceptibility to weak arguments in 'Processing Deficits and the Mediation of Positive Affect in Persuasion', *Journal of Personality and Social Psychology*, 57 (1989), 27–40. Antonio Damasio tells the story of his hyper-rational patient on page 193 of *Descartes' Error: Emotion, Reason and the Human Brain* (London: Picador, 1995). Robert Frank's experiment on the accuracy of our sense of trust is discussed in chapter 7 of his book Passions within *Reason: The Strategic Role of the Emotions* (New York and London: Norton, 1988). Robert Zajonc recounts his research on the mere-exposure effect in 'Feeling and Thinking: Preferences Need no Inferences', *American Psychologist*, 35 (1980), 151–75.

Chapter 5

My argument against defining emotions in neurobiological terms is adapted from Hilary Putnam's famous argument against the identity theory of mind, which he put forward in a 1960 paper entitled 'Psychological Predicates'. This paper is republished as 'The Nature of Mental States', in *Mind and Cognition: An Anthology*, 2nd edn. edited by William G. Lycan (Oxford: Blackwell, 1999), 27–34. Janet Cahn discusses her emotional speech program in 'The Generation of Affect in Synthesized Speech', *Journal of the American Voice I/O Society*, 8 (1990), 1–19. Ifran Essa and Alex Pentland describe their work on computer recognition of facial affect in 'Coding, Analysis, Interpretation and Recognition of Facial Expressions', *IEEE Transactions on Pattern Analysis and Machine Intelligence*, 19 (1997), 757–63.

Herbert Simon's prophetic remarks about the need to give computers and robots some kind of emotional system can be found in his article 'Motivational and Emotional Controls of Cognition', *Psychological*

Review, 74 (1967), 29–39. A good selection of papers about artificial life is collected together in Margaret Boden (ed.), *The Philosophy of Artificial Life* (Oxford: Oxford University Press, 1996). Among the articles in this volume is the1992 paper by Thomas Ray, 'An Approach to the Synthesis of Life', in which he describes his *Tierra program.*

Afterword

Ecological rationality and the 'recognition heuristic' are discussed in Gerd Gigerenzer, Peter M. Todd, and the ABC Research Group, *Simple Heuristics that Make us Smart* (Oxford: Oxford University Press, 1999).